新时代医院医疗保险质量管理概论

骆慧云　韩全意　常海英　编著

华龄出版社
HUALING PRESS

责任编辑：林欣雨
责任印制：李未圻

图书在版编目（CIP）数据

新时代医院医疗保险质量管理概论 / 骆慧云, 韩全意, 常海英编著.
-- 北京 : 华龄出版社, 2020.10

ISBN 978-7-5169-1757-2

Ⅰ. ①新… Ⅱ. ①骆… ②韩… ③常… Ⅲ. ①医院 - 医疗保险 - 管理 - 中国 Ⅳ. ①F842.684

中国版本图书馆CIP数据核字(2020)第188124号

书　　名：新时代医院医疗保险质量管理概论
作　　者：骆慧云　常海英　韩全意　编著

出 版 人：胡福君
出版发行：华龄出版社
地　　址：北京市东城区安定门外大街甲57号　　邮　　编：100011
电　　话：010-58122246　　传　　真：010-84049572
网　　址：http://www.hualingpress.com

印　　刷：北京京美印刷厂
版　　次：2020年12月第1版　2020年12月第1次印刷
开　　本：710 × 1000　1/16　　印　张：14.75
字　　数：210千字
定　　价：50.00元

前　言

我国医疗保障事业走过了20多年的历程，已由高速度发展转变为高质量发展。奋力推进中国医疗保险高质量发展，不断增强人民的获得感、幸福感和安全感，满足人民日益增长的美好生活和健康福祉需要，这是党的十九大报告发出的时代最强音。加强医院医疗保险质量建设、强化医保从业人员质量意识，不断提升医院医保服务质量，这是新时代医院医保发展的必然趋势和前进方向，也是新时代医院医保高质量发展的根本任务和核心目标。

医院医疗保险工作，有没有质量管理，要不要质量管理，在行业内有不同的声音。我国经过20多年改革发展，基本建立起全民医保制度。人民群众在有了基本医疗保障之后，必然要求得到更好的、更高质量的医疗保障和医保服务。编写《新时代医院医疗保险质量管理概论》，就是要弥补医院医保质量短板，努力探索医院医保质量管理的新路子，深入实施医保制度和服务标准战略，目的就是不断提高医保从业人员的质量素质。只有重视医保质量、提高医保服务水平、创新医保质量等管理方式方法，使医院医保质量发展更充分、服务更精准、标准更科学，才能让党和政府的医保政策通过我们的优质服务与人民群众共建共享。

医院医保质量管理作为部门管理学，同样具有自然属性和社会属性、艺术性和科学性的二重性。因此本书与其他质量管理学专著有所不同，没有刻意追求质量管理的系统性，也没有面面俱到，而是注重理论知识与实际操作相结合，着力提升医保从业人员的动手能力。书中关于新时代医院医保质量管理、医院医保质量战略管理、统计过程控制与控制图、医保质量管理能力提升等内容具有一定的创新性。另外，在全书的各个章节中，我们都努力做到实用性、前瞻性、可操作性。当然，国内外医保管理与改革进展迅速，限于篇幅和水平，不可能完全反映医院医保质量管理最新研究成果，好在国内诸多报纸、杂志及时报道相关信息，弥补了这些缺憾。我们也诚挚地欢迎有识之士，对于本书的谬误和疏漏予以批评指正，以便再版时完善。

在本书的编写过程中，我们参考了大量国内外有关质量管理的著作和学术论文，限于篇幅，书后仅列出了其中主要的参考文献。在此，谨向国内外有关作者表示深深的谢意。

由于作者水平有限，书中难免存在欠缺，恳请同行及读者批评指正。

在本书即将付梓之际，感谢华龄出版社的编辑，是他们的精细加工和设计，使本书的形式新颖规范；感谢为本书的编写和出版做出贡献的所有朋友，是大家的共同努力，才使本书呈现在读者面前。让我们携起手来，在奋力推进中国医疗保险高质量发展的新征途中书写新篇章、创造新辉煌！

韩全意

2020 年 8 月 18 日

目 录

第一章 概 述

质量管理学是一门融硬科学和软科学于一体的边缘性、综合性学科，它依托于技术学科，适用范围广。凡涉及质量的问题，无论是产品质量，还是服务质量、工作质量、过程质量等均适用。近十年来，质量管理理论研究取得令人瞩目的进展，内容日益丰富，实践领域不断扩大。自质量管理体系的国际标准公布以来，质量管理进入了概念统一化、内容规范化、活动国际化时期。质量管理的研究范围包括微观的质量管理和宏观的质量管理。微观的质量管理着重从组织的角度，研究如何保证和提高产品质量、服务质量；宏观的质量管理着重从国民经济和全社会的角度，研究如何对企业、服务机构的产品质量进行有效的统筹管理和监督。

第一节 质量管理基本概念

在实践中，人们逐渐认识到质量不是检验出来的，它有一个产生、形成和实现的过程。这一过程可用“朱兰螺旋曲线”来表示。朱兰 (Joseph M. Juran) 是美国质量管理专家，他用一条螺旋上升的曲线来反映产品质量形成的规律。所谓质量螺旋是一条螺旋式上升的曲线，该曲线把全过程中各质量职能按照逻辑顺序串联起来，用以表征产品质量形成的整个过程及其规律性，通常称为“朱兰质量螺旋”。朱兰质量螺旋反映了产品质量形成的客观规律，是质量管理的理论基础，对于现代质量管理的发展具有重大意义。

一、质量

质量（Quality）一词来自拉丁文 Qualis，即本质的意思。质量本身有两种含义：一是指天然物质的物理质量，即量度物体的惯性大小的物理量；二是指社会人为的质量概念，它是人们在社会生产中或社会服务活动中所产生的质量概念。这里讲述的是第二种含义。关于质量的定义，美国管理专家朱兰的定义是：“质量是对使用的适应性”；原西德质量协会（DGQ) 对质量下的定义是：“质量是指一种商品或一项服务工作适合于完成预定要求的属性。预定要求一般取决于使用的目的”。总之，质量就是一种产品或某一项服务工作的优劣程度。质量的标准就是人在社会活动中所规定的“预定要求”。这种预定要求是符合事物客观规律的。

二、质量管理

质量管理是一种旨在使产品的质量符合一定规格的综合活动，是为保证某种物质产品或服务工作的质量所进行的调查、计划、组织、协调、控制、检查、处理及信息反馈等各项活动过程的总称。质量管理主要包括质量标准的判定、控制和鉴定评估三部分。质量管理是管理工作的核心，提高质量是管理的目的。现代化程度越高，管理越现代化，质量管理的重要性就越突出。

三、医疗质量管理

医疗质量管理包括了结构质量管理、环节质量管理、终末质量管理。按照管理层面的不同，又可分为以医院为单位的宏观管理和针对医院内部结构及院内各个环节所进行的微观管理。医疗质量管理所开展的工作主要是：建立质量管理体系，制定质量管理制度，进行质量教育，开展质量监测、评估和反馈。现有的医疗质量管理方法，一方面由于生成指标多，考评指标的标准化、数据化、信息化不够，造成评价标准不统一、不严格，科学性不强，评价难度大；另一方面，由于医生的职业特点和传统习惯，加之医疗质量问题是影响医患关系的敏感问题，使其难以自觉接受由第三者进行的管理和评价，故医疗质量管理的方法，至今尚无公认的模式。

四、 医疗保险质量管理

医疗保险质量管理是指按照医保质量形成的规律和有关法律、法规要求，运用现代科学管理方法、卫生经济学原理，对医保服务要素、过程和结果进行管理与控制，以实现医保质量体系持续改进的过程。

第二节 医疗保险管理发展历程和发展趋势

在生产发展的不同历史时期，人们对质量的理解随着科学技术的发展和社会经济的变化而有所变化。自从美国贝尔电话研究所的统计学家休哈特 (W.A. Shewhart) 博士于 1924 年首次提出将统计学应用于质量控制以来，质量管理的思想和方法得到了丰富和发展。一种新的质量管理思想和质量管理方式的提出，通常伴随的是对质量概念的重新理解和定义，美国质量管理专家朱兰博士把产品质量定义为："质量就是使用性。" 克劳斯比 (Philip Crosby) 则把产品质量定义为:"产品符合规定要求的程度。"现代管理科学对于质量的定义涵盖了产品的"适应性"和符合"规定性"两方面的内容。

一、质量检验阶段（20 世纪二三十年代）

20 世纪初，人们对质量管理的理解还只限于质量的检验。质量检验所使用的工具是各种检测设备和仪表，方式是严格把关，进行百分之百的检验。其间，美国出现了以泰勒为代表的"科学管理运动"。质量检验是在成品中挑出废品，以保证出厂产品质量。但这种事后的检验把关，无法在生产过程中起到预防、控制的作用。废品已成事实，很难补救，且百分之百的检验增加了检验费用。生产规模进一步扩大，在大批量生产的情况下，其弊端就凸显出来。一些著名统计学家和质量管理专家就注意到质量检验的问题，尝试运用数理统计学的原理来解决，使质量检验既经济又准确。1924 年，美国的休哈特提出了控制和预防缺陷的概念，并成功地创造了"控制图"，把数理统计方法引入质量管理中，使质量管理推进到新阶段。

二、质量统计控制阶段（20 世纪四五十年代）

质量统计控制形成于 20 世纪 40 年代到 50 年代，主要代表人物是美国贝尔公司的工程师休哈特、道奇和罗米格等。这一阶段的特征是数理统计方法与质量管理的结合。休哈特认为，质量管理不仅要搞事后检验，而且在发现有废品生产的先兆时就进行分析改进，从而预防废品的产生。控制图就是运用数理统计原理进行这种预防的工具。因此，控制图的出现，是质量管理从单纯事后检验转入检验加预防的标志，也是形成一门独立学科的开始。

第二次世界大战开始以后，统计质量管理得到了广泛应用。第二次世界大战结束后，美国许多企业扩大了生产规模，除原来生产军火的工厂继续推行质量管理的统计方法以外，许多民用工业企业也纷纷采用这一方法，美国以外的许多国家，如加拿大、法国、德国、意大利、墨西哥、日本也都陆续推行了统计质量管理，并取得了成效。但是，统计质量管理也存在着缺陷，它过分强调质量控制的统计方法，使人们误认为“质量管理就是统计方法”“质量管理是统计专家的事”，使多数人感到高不可攀、望而生畏。同时，它对质量的控制和管理只局限于制造和检验部门，忽视了其他部门的工作对质量的影响。这样，就不能充分发挥各个部门和广大员工的积极性，制约了它的推广和运用。这些问题的解决，又把质量管理推进到一个新的阶段。

三、全面质量管理阶段（20 世纪 60 年代至今）

随着科学技术和工业生产的发展，人们对质量的要求越来越高。20 世纪 50 年代以来，火箭、宇宙飞船、人造卫星等大型、精密、复杂的产品出现，对产品的安全性、可靠性、经济性等要求越来越高，质量问题就更为突出。要求人们运用“系统工程”的概念，把质量问题作为一个有机整体加以综合分析研究，实施全员、全过程、全企业的管理。上述情况的出现，促使全面质量管理的理论逐步形成。最早提出全面质量管理概念的是美国通用电气公司质量经理费根鲍姆。1961 年，他出版了一本著作《全面质量管理》。他提出：“全面质量管理是为了能够在最经济的水平上在充分满足用户要求的条件下，进行市场研究、设计、生产和服务，使企业各部门的研制质量、维持质量和提高质量活动成为一体的有效体系。”

四、质量管理的发展趋势

进入 21 世纪以来，世界各国质量管理，特别是在医疗质量和医保质量管理理念上发生了很大变化，呈现以下几个特点：

（一）价值医疗理念得到广泛认同

从国际发展趋势看，基于价值的整合性医疗服务体系将成为未来发展的主流。实践证明，价值医疗可以提高医疗服务效率和产出，进一步提升卫生服务体系绩效，是医疗质量下一步改革和发展的重要方向。价值医疗的概念最早由美国学者迈克尔·波特于 2006 年提出，基本理念是追求性价比的医疗服务即以同样或较低的成本取得医疗质量或医疗效果的最大化。这一理念基于三个基本原则：（1）为患者创造价值；（2）综合医疗状况和医疗全流程的医疗实践；（3）测量医疗效果和费用。医疗质量是价值医疗的核心，主要包括三方面的内容，一是医疗服务可及性（包括医疗可获得性、等待时间、服务能力等），二是健康结果（包括临床结果、活动能力、生产能力等），三是满意度或患者体验（包括病人满意度或就医体验、医务人员满意度和支付方满意度等），医疗成本则包括两个方面，一是总体的医疗成本（包括全过程成本），二是医疗服务提供的数量。价值医疗的定量测量是患者结果或服务质量与所花费用相除。因此，推行价值医疗一方面要求全面提升医疗服务质量，而非追求单一的健康结果；另一方面要求有效控制成本，而非单一的医疗成本。

1. 实现价值医疗是从服务量驱动转变为价值驱动的现实需要

价值驱动和服务量驱动有根本区别。长期以来，服务提供是基于专业分工的个体执业，支付方式是按服务项目支付，医院多提供一项服务就多一份收入，容易产生过度医疗。价值驱动关注的是整个医疗需求的结果，对保持患者健康、减少不必要干预的行为进行激励，对结果不佳的服务给予惩罚，服务提供是基于团队的整个连续一体化诊疗护理服务。大健康理念下，需要从服务量驱动转变为价值驱动，减少不必要的医疗服务，提升资源的配置效率。

2. 实现价值医疗是减少医疗浪费和提升服务效率的理念需要

当前，过度医疗和医疗不足并存，误诊以及耽误抢救治疗的机会成本很高，医疗服务效率较低。世界卫生组织 2010 年研究报告显示，全球医疗资源约有 20%~40% 的浪费，这也直接影响医疗质量以及人群健康。同时，有研究表明，48% 的医疗技术临床效果不明确，22% 的技术有可能有效，5% 的技术无效，只有 13% 的技术是确定有效的。

3. 实现价值医疗是优化新技术管理及支付政策的发展需要

研究表明，新技术使用是费用增长的主要因素，医疗费用增长约 38%~62% 是新技术推动的。新技术滥用问题需要重视，例如免疫疗法对 20% 的人有效，而 70%~80% 的人需要检测后再治疗，不检测就马上治疗，70%~80% 的费用及治疗是无效的。

4. 价值医疗的全球实践进展

2016 年，根据实施价值医疗的政策环境、机构设置、成本及效果测量，以患者为中心整合性服务体系建设，按结果支付及社会经济背景等情况对部分国家的价值医疗实践进展综合评分，得分最高的是瑞典，其次是英国、澳大利亚、加拿大、德国、法国及美国等，中国、巴西等国家评分较低。

（二）建立以医疗质量结果为导向的医保支付方式

2020年7月30日，国家卫生健康委发布《关于进一步加强单病种质量管理与控制工作的通知》，将51种病种/技术纳入国家监测的单病种范围，并围绕质量控制、资源消耗两个维度对其中的关键环节制定了质量监测信息项。随着医疗服务质量的量化，推行以医疗质量结果为依据的基于价值的补偿机制也将呼之欲出。

我国现行的医保支付方式仍是以控费为目的的被动补偿，关注医保欺诈而忽视了过度服务，重在事后审核而对事前引导不足，对医疗结果，特别是医疗质量无甄别支付，缺少对医疗质量的判断。新兴的基于价值补偿机制（VBR）彻底颠覆了传统的按项目收费体系。VBR的核心理念是医疗应依据其给人们带来的实际价值即治疗或预防效果收取费用，而不应鼓励滥用昂贵而无效果的或低价值的医疗服务。美国于2006年开始尝试VBR，当年推出了医生质量报告系统，对于提供医疗照顾制度医保服务结果符合相应质量要求的医疗机构，给予一定百分比的费用奖励。2011年设立多达33项考核指标来控制质量，这33项指标中涉及乳腺癌治疗、高血压/高血脂/高血糖预防等各个方面，最终由各单项评价计算出综合质量得分，并根据综合质量得分确定不同的补偿基金比例。国家卫生健康委51种单病种质量管理指标与VBR质量考核指标非常相近，这对今后在我国推行基于价值的补偿机制，提供了有效的质量效果技术支撑。

从质量管理的发展趋势来看，以医疗质量效果为依据的价值补偿是医保支付改革的有效途径。因为医疗质量考核为医保价值补偿打下了坚实的基础，推行医保支付价值补偿成为可能。

一是国家卫生健康委此次要求加强质控的51个病种/手术基本都是常见病、多发病和常见手术、技术，这就为推行医保价值补偿起到了技术引领和服务质量可核查、可追溯、可比较价值甄别的作用。

二是在医保价值补偿方面广州市和浙江省也进行了有益的探索。广州市2010年就针对肺癌患者的高价靶向治疗药物提出了医保补偿方案，按照治疗后3、6、12个月的病情发展核定药品报销水准。浙江省2017年推出的肝移植手术补偿方案，出院补偿70%，然后根据患者术后1年、3年存活情况追加补偿医疗机构，并根据患者生存情况、医疗质量、费用负担等因素对医疗机构进行绩效评价，予以相应激励。他们这种敢于创新、大胆实践的做法为今后推进医保价值补偿提供了宝贵的经验。

三是无论是基本医疗保险还是商业健康保险，在控费过程中都应注重服务质量，不能以牺牲医疗质量（病人利益）为代价，要强调长期的医疗质量和健康结果，将有限的医保基金用在刀刃上，发挥出医保基金的价值和红利，形成多方共赢的局面。

四是事实充分证明了医务人员对医疗费用构成非常了解，在医保价值补偿中发挥着主导作用，应调动医务人员对医疗质量和医保质量的积极性和参与度，用精湛的技术、高质量的服务来体现自身的价值，获取应得的补偿。医保经办机构也应与医疗机构紧密合作以医疗质量和成效为依据支付医保基金，只有携手合作才能在推行高质量发展中探索出新的路径和方法。

（三）营造良好质量文化氛围

质量文化是指医院全体员工在长期实践中凝聚起来的质量精神、质量意识、文化心态和医疗行为等，是一个群体质量行为的稳定预期和共同信念，它具有凝聚、激励、协调、约束及塑形作用。质量管理本身就是一种文化。需要充分调动全员参与质量管理的积极性、主动性和创造性，增强质量意识、制度意识和标准意识。组织全体员工学习先进的质量理念、质量文化和质量艺术，自觉规范医疗服务和医保服务行为，为参保人提供高质量、有价值的医疗和医保服务。营造质量就是生命、质量就是效益、质量就是价值的文化氛围。

第三节　质量管理基本原理

任何一门学科都有专门的、特定的概念，组成一个合乎逻辑的理论概念。质量管理也不例外，如质量、质量环、质量方针、质量计划、质量控制、质量保证、质量审核、质量成本、质量体系等，是质量管理中常用的重要概念。应确定其统一、正确的术语及准确的含义。

一、朱兰“质量三部曲”

朱兰是举世公认的现代质量管理专家，提出了著名的“质量三部曲”，即质量计划、质量控制和质量改进。

（一）质量计划

朱兰认为，质量管理从质量计划开始，具体包括：①设定目标；②确定顾客；③发现顾客需求；④根据顾客需求设计产品；⑤制定作业流程；⑥根据运行情况制订控制方案。

朱兰提出的质量计划有别于传统的计划，不但强调不同部门的协同，而且强调专业计划方法的应用。

（二）质量控制

朱兰列出了实施质量控制的 7 个步骤：①选定控制对象；②配置测量设备；③确定测量方法；④建立作业标准；⑤判断操作的正确性；⑥分析与现行标准的差距；⑦针对差距采取行动。

判定质量控制是否有效的标准是质量目标是否达成。

（三）质量改进

质量改进的步骤有：①证实改进的必要性，争取立项；②确立改进项目，设立项目组；③领导对项目进行指导；④组织诊断，确认产生质量问题的原因，并找出主要原因；⑤对发现的质量问题进行补救；⑥验证补救措施的有效性；⑦保持已有成果，实现更高水平上的质量控制。

二、国际标准化组织 ISO

国际标准化组织 (ISO) 的前身是国际标准化协会 (ISA)，成立于 1926 年。1946 年 10 月 14~26 日，来自中国、英国、法国、美国等 25 个国家的 64 名代表，聚会于伦敦，决定成立一个新的国际标准化机构——国际标准化组织 (ISO)。1947 年 2 月 23 日，ISO 正式宣告成立。ISO 不属于联合国，但与联合国许多组织和专业机构保持密切联系，如欧洲经济委员会、粮食及农业组织、国际劳工组织、教科文组织、国际民航组织等，是联合国的甲级咨询机构。其中，同国际电工委员会 (IEC) 的关系最为密切。根据分工，IEC 负责电工电子领域的国际标准化工作，其他领域则由 ISO 负责。

ISO 是世界上最大的国际标准化机构，是非政府性国际组织，总部在日内瓦。

缩写“ISO”与机构英文全称首字母无关，而源于希腊语，表示“平等”“均等”之意：中国是ISO创始成员国之一，也是最初的5个连任理事国之一。1978年9月中国恢复ISO成员身份。

三、质量管理奖设立

质量界有三大奖，分别是戴明质量奖、马尔科母·波多里奇质量奖和欧洲质量奖。

日本戴明奖设立于1951年。奖励范围为符合标准的任何国家的任何组织，分为戴明奖（个人奖）、戴明应用奖和戴明控制奖3类，奖励的重点是组织统计过程控制的有效性，戴明应用奖的评定内容分为10项：方针，组织及其运营，培训和推行，信息收集、沟通及利用，分析，标准化，控制（管理），质量保证，效果，远期计划。现在，戴明奖已成为享誉世界的质量奖项。

美国马尔科姆·波多里奇奖设立于1987年。用以表彰美国企业在TQM和提高竞争力方面做出杰出贡献的组织，该奖项引导企业通过持续的质量改进，并达到卓越的业绩标准而使得顾客满意。马尔科姆·波多里奇奖评定标准的总分为1 000分，分为7个方面：领导，战略规划，对顾客和市场的关注，测量分析和知识管理，对人力资源的关注，过程管理，经营结果。

欧洲质量奖设立于1992年。评定标准分为能力和绩效两大方面九个细项。两大方面即手段标准和结果标准，九个细项：领导作用、人员、方针与战略、资源、过程、人员结果、顾客满意、社会结果、经营绩效。

地球是圆的，世界是平的。随着经济全球化进程的加速，国际竞争日趋激烈，各类组织（包括营利性和非营利性）都认识到致力于满足甚至超越顾客和相关方的需求和期望是组织生存和发展的基础。为此，必须建立并有效运行质量管理体系，实践卓越绩效模式，实现“顾客满意，持续改进”。

四、质量文化

企业质量文化的内涵与外延。企业质量文化是指以社会经济发展为背景，在企业长期生产经营活动中，由企业管理层特别是主要领导倡导、职工普遍认同而逐步形成的有关质量的价值观和意识、管理思想和道德规范、技术知识、管控手段、环境装备等因素的总和。

企业质量文化建设的主要内容包括硬件建设和软件建设两个方面的内容。硬件建设就是要实施企业质量文化物质层的构建与完善，具体包括设施器具、厂容厂貌、品牌形象、方法工具等的建设与完善。软件建设就是要塑造企业的行为规范、标准、准则，最后凝炼出质量理念，具体包括企业的规章制度、产品（或服务）的标准规范、流程规范、企业内部人员之间以及企业与外部人员之间的行为准则、质量定位、质量方针、质量规划等。

第四节　全面质量管理

全面质量管理（Total Quality Management，TQM）是企业管理的中心环节，是企业管理的纲，它和企业的经营目标是一致的。进行全面质量管理可以提高产品质量，改善产品设计，加速生产流程，鼓舞员工的士气和增强质量意识，改进产品售后服务，提高市场的接受程度，降低经营质量成本，减少经营亏损，降低现场维修成本，减少责任事故。全面质量管理是组织全体职工和相关部门参加，综合运用现代科学管理技术成果，控制影响质量形成全过程的各因素，以经济的研制、生产和提供顾客满意的产品和服务为目的的系统管理活动。全面质量管理被提出后，相继为各发达国家乃至发展中国家重视和运用，并在日本取得巨大的成功。多年来，随着世界经济的发展，全面质量管理在理论和实践上都得到了很大的发展，成为现代企业以质量为核心的提高竞争力和获得更大利益的经营管理体系。

一、全面质量管理及其特点

20 世纪 60 年代初，全面质量管理理论形成，首创者是美国质量管理专家费根鲍姆博士。他指出:“全面质量管理是为了能够在最经济的水平上、在充分满足用户要求的条件下，进行市场研究、设计、生产和服务，把企业各部门的研制质量、维护质量和提高质量的活动结合在一起，成为一个有效体系。”

全面质量管理即全员质量管理、全过程质量管理、全方位质量管理、多种多样的质量管理方法或工具，即“三全一多样”。

二、全员性的质量管理

全员质量管理的含义就是企业中每个员工都要参与到质量管理活动中去。企业中每个员工，上至执行总裁，下至一线作业工人，都处于不同的质量环中，每个人的工作都会影响产品或服务质量。特别地，作为企业最高领导者应对质量管理做出承诺，确定质量方针和目标，营造全员重视质量管理的环境。

为保证全员参与质量管理，应做好以下两项工作。

（1）实施质量教育和培训，只有通过教育和培训，才能让员工深刻认识到质量管理的重要性，提高质量意识，同时，只有不断进行教育和培训，员工才能掌握必要的质量管理知识和技能。

（2）开展群众性质量管理活动，如开展形式多样的 QC 小组活动，充分调动员工参与质量管理的积极性。

三、全过程的质量管理

全过程质量管理的含义就是要把质量管理贯彻到产品全生命周期内，即在顾客需求调查、产品设计、物料获取、产品加工、配送分销、售后服务、最终处置全生产周期内都注重质量管理。“产品是设计和生产出来的，而不是检验出来的”，只有坚持这种质量观，才能实现从事后检验到事前控制的转变。强调产品全生命周期质量管理，则把质量管理提升到了企业社会责任的高度。

为保证实现全过程质量管理，应做到以下两点。

（1）在产品形成的各个阶段，采取专业的控制手段。在顾客需求调查阶段采取面谈调查法、电话调查法、网络调查法、问卷调查法；在产品设计阶段做好内部测评和市场竞争性评价；在产品加工过程中，采取统计过程控制保证生产过程处于受控状态；在配送分销阶段采取科学的配送手段，保证交货准确无误;在产品使用阶段，对客户进行有关产品使用方面的培训，以便正确使用产品；在顾客满意度调查阶段，及时收集顾客的反馈意见，了解顾客满意程度，不断改进质量水平；在产品最终处置阶段，最大化回收利用报废的产品。

（2）编制标准操作规程（Standard Operation Process，SOP）。任何过程都是通过程序运作来完成的，因此编制科学、有效的程序化文件是保证过程控制的基础。如果只是编制 SOP，而不执行或错误地执行，都不会发挥其应有作用，也就不能保证产品在全生命周期内处于受控状态。

四、全方位的质量管理

全方位质量管理的含义就是各个职能部门要密切配合，按其职能划分，承担相应的质量责任。如果全过程质量管理是从纵向角度强调各个环节在质量形成过程中所起的作用，那么，全方位质量管理就是从横向角度强调各个职能单位对质量管理应承担的相应责任。

为做好全方位质量管理，必须建立贯穿整个企业的质量管理体系，并保证其有效运行。费根鲍姆博士把他最先定义的全面质量管理称为一种有效的体系，就是从横向方面考虑如何通过系统工程对质量进行全方位控制。其主要内容包括对管理职责、资源管理、产品实现、测量分析和改进提出明确要求。

五、多方法的质量管理

全面质量管理的方法是全面的、多种多样的，它是由多种管理技术与科学方法组成的综合性的方法体系。全面、综合地运用多种方法进行质量管理，是科学质量管理的客观要求。现代化大生产、科学技术的发展以及生产规模的扩大和生产效率的提高，对产品质量提出了越来越高的要求。影响产品质量的因素也越来越复杂，既有物质因素，又有人的因素；既有生产技术的因素，又有管理因素；既有企业内部的因素，又有企业外部的因素。要把如此众多的影响因素系统地控制起来，统筹管理，单靠一两种质量管理方法是不可能实现的，必须根据不同情况，灵活运用各种现代化管理方法和措施加以综合治理。

第二章 新时代医院医保质量管理

人类医学发展进入到21世纪,重心由"疾病"转为"健康"。2016年10月25日，中共中央、国务院印发《健康中国2030规划纲要》，大健康上升为国家战略；2017年7月26日，习近平总书记在省部级主要领导干部专题研讨班讲话时说："我们坚定不移贯彻新发展理念，有力推动我国发展不断朝着更高质量、更有效率、更加公平、更可持续的方向前进。"党中央提出的向高质量发展的战略部署，对各行各业都有非常重大的意义。现如今，我国的社会主义建设已进入新时代，我国医疗保险在制度上已服务全国95%的人群，但在质量上还没建立完整的管理体系，与医疗质量的衔接还有很大差距，医院医保质量管理也亟须完成从量到质的迈进，使医院的发展与医疗保险事业发展相适应。

第一节　新时代医院医保质量管理目标

无目标，不管理。当前，我国全民医保态势已经凸显，截至2019年底，全口径基本医疗保险参保人数135436万人，参保覆盖面稳定在95%以上。医、保、患是我国医疗保险制度体系中三个重要方面，伴随着我国医疗体制改革的不断深入，医疗机构作为政府保障参保人基本医疗待遇的实操者，围绕“以病人为中心、以质量为核心”的原则，在不断提高医疗技术水平及工作质量的同时，全面推进医保质量管理，保障患者安全，杜绝医保基金的不合理支出，努力为参保人提供优质服务。

一、维护基金安全

医保基金的有效运行是医保制度可持续发展的重要因素。《中国医疗卫生事业发展报告2014》预测，到2024年将出现基金累计结余亏空7 353亿元的严重赤字。国家医保局成立后，通过在全国范围开展“加强基金监管，打击欺诈骗保违法行为”的工作，遏制医保基金的不合理支出。据统计，2019年全年基本医疗保险基金总收入、总支出分别为23 334.87亿元、19 945.73亿元，医保基金略有结余，但是医保基金运行风险仍然存在。医疗机构作为医疗服务的提供方，其行为的规范直接影响基金支出的合理性。将医保质量管理工作纳入医院管理的重点，提高医保管理的质量水平，是维护医保基金安全，促进基金有效使用的根本保证。“提高保障水平，确保基金合理使用、安全可控，更好保障病有所医”是国家医保局机构改革的发展目标。

二、保障参保人权益

参保人通过缴纳社保费用享受社保约定的基本医疗权益，包括因病情需要进行的检查、治疗、用药等，而医疗机构作为服务的提供方，代表着参保人的利益，在参保人就医的各环节中，应该落实合理检查、合理治疗、合理用药、按规定记账和收费，这些都构成了医保质量管理的主要内容，其中，医疗质量决定医疗行为的规范，医保质量管理的提升必须建立在医疗质量管理的基础上，才能保证为参保患者提供安全、有效的服务。

三、保证医疗机构健康运行

医保经办机构根据管理服务的需要，以与医疗机构签订服务协议，保障参保人权益。医院作为医疗服务的提供方，通过为患者提供医疗服务获得相应的费用支付，用于机构的正常运行。现如今，医疗机构参保患者比例达 50% 以上，特别是异地医保联网结算后，医疗机构业务收入 50% 以上来自医保基金，今后的占比也将越来越高，医疗机构运行发展越来越离不开医保基金的支持，而“医疗、医药、医保”三医联动下的支付方式改革，对医院内部管理提出更高要求，医保质量管理需要围绕规范医疗行为，提升自身运行效率和管理质量，减少医保基金拒付等工作，以保证医疗机构健康运行和学科发展。

第二节　医院医疗保险质量管理内容

医疗保险质量管理是指医疗机构按照国家及地方有关法律、法规和政策的要求，在履行定点医保服务协议的过程中，以医保服务和医保管理为核心，对构成医保质量管理的各个要素进行计划、组织、协调和控制，提供与当地经济水平相适宜的医保服务，以实现医保质量持续改进的全过程。医疗保险质量管理是医疗机构医保管理中的核心部分，通过建立组织机构、健全制度，针对人、行为、基金支付等重点内容及风险环节建立质量管理标准，落实考核，使医院走向医保管理规范化、程序化、制度化的正轨，达到医保质量管理的目标。

一、建立医院医疗保险质量管理体系

定点医疗机构是医保质量管理的第一责任主体，应当建立全院参与、覆盖医保服务全过程的质量管理控制体系，旨在控制和规范医疗及医保服务过程中服务提供者的行为、相关要素、各个环节，建立医疗服务提供主体在提供医疗服务过程中应遵守的执业规则，医保质量管理标准由一系列的法律、法规、规章、诊疗护理技术规范、常规、管理制度、规则、标准、办法、指南等构成，体现医保管理特点。落实医院、职能科室、临床医技科室医保质量管理三级架构。医疗机构应当设立医保质量管理委员会，围绕质量管理目标，制定医疗机构医保质量管理制度并组织实施。主任委员由院领导担任，委员由医保、医疗、质控、药学、财务、物价、病案、信息、院感、临床、医技、设备、护理等部门人员组成，医保办（处、科）具体负责日常管理工作。同时强化全员培训，加强环节质控、监管与考核，全面推进医保高质量发展，持续改进医保质量管理，保障基金使用安全。

示例：红星医院关于成立医疗保险质量管理委员会的通知

为加强医疗机构医疗保险质量管理，规范医疗机构医疗保险服务行为，保障医保基金安全，提升医疗保险质量意识并持续改进，医院决定成立医疗保险质量管理委员会。人员组成如下：

主任委员： 院长

副主任委员： 主管院领导

常 务 委 员： 相关部分分管院领导

委　　　员： 由医保、医疗、质控、药学、财务、物价、病案、信息、院感、临床、医技、设备、护理等部门负责人及骨干组成，委员会办公室设在医院医保办（科、处）

秘　　　书： 医保办负责人

医疗机构医保质量管理委员会的主要职责是：

（一）按照医保质量管理办法和相关质量管理要求，制定本机构医保质量管理制度并组织实施；

（二）组织开展本机构医保质量预警、监测、统计、分析、考核、评估等工作，定期上报至各省级医保质量管理委员会；

（三）制订本机构医保质量持续改进计划、实施方案并组织实施；

（四）制定本机构临床新增诊疗项目与医保支付方式改革相关工作制度并组织实施；

（五）建立本机构医保质量管理的培训机制，制订培训计划并监督实施；

（六）建立并完善医保质量管理信息系统，利用大数据分析、智慧医保等技术为医疗机构管理提供决策支持。

特此通知！

红星医院

2019 年 6 月 18 日

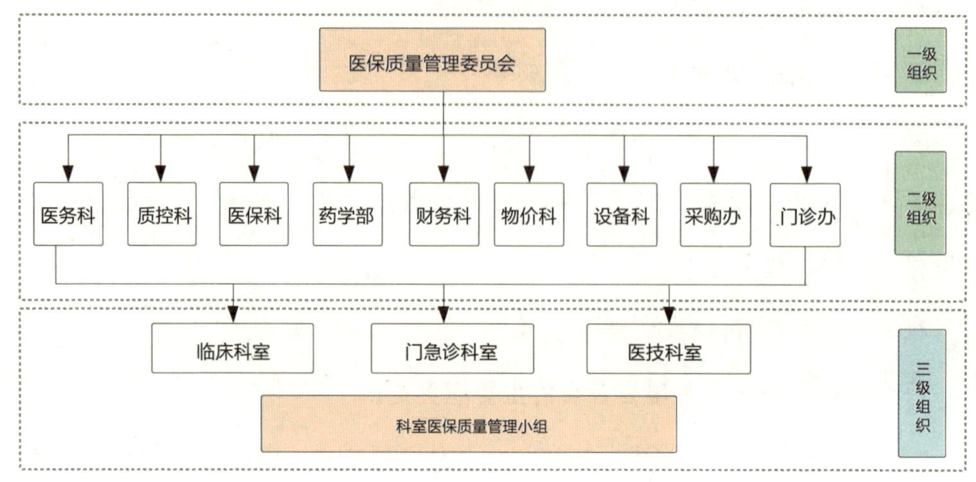

图 1　红星医院医保质量三级管理组织架构

二、医院医疗保险制度建设

制度是质量的基础和保障。医疗机构必须建立健全医疗保险管理制度，以保证医保质量管理目标的实现。医疗机构医保制度应以患者为中心，紧密围绕医疗、服务、收费、管理等各环节工作要求制定，覆盖医保服务全过程。加强重点科室、重点区域、重点环节、重点技术的质量安全管理，推进合理检查、用药和治疗。同时建立综合监管制度，重点加强对医疗质量安全、医疗费用以及大处方、欺诈骗保等行为的监管，逐步建立医保质量管理文化。

医疗机构必须加强制度建设，应依法依规，并结合实际情况制定医疗保险管理制度。医疗机构医保制度建设包括几个部分的内容，一是根据医保管理体系架构的设置，确定医保管理岗位，明确人员岗位职责，包括院领导、医保科、职能科室、临床医技科室，以及咨询、收费、药房等服务窗口的人员岗位职责。对重点和特殊岗位如医保会计、医保信息系统维护、医保管理专员等单独设置，并明确职责要求。二是根据医保政策在医疗机构实施过程中制定系列管理制度和流程，涵盖参保患者的就医、结算、业务办理等医保服务全流程各个环节。三是医疗机构针对医保管理重点制定的特殊管理制度，如宣传培训制度、医保行为管理制度、医保信息管理制度、医保基金支付管理制度、医保数据统计分析制度等。

三、医院医疗保险培训

医疗机构作为医保服务的提供者，其行为直接影响参保人的切身利益。医院医保管理部门应围绕制度的实施，夯实培训工作，使医院各部门、各科室及时掌握最新的医保政策、制度要求，建立医保服务及管理理念，提升医院的医保质量管理。

（一）明确医疗机构医保培训的对象

在全民医保发展形势下，医疗机构医保业务占比逐年增加，对医疗机构医保管理工作提出更高要求，因此医疗机构医保管理者包括院领导、职能科室、临床医技科室负责人及医保管理员都是培训的重点人员。此外，医保质量管理贯穿参保患者就诊服务的全流程，因此在各环节提供医疗服务的医疗机构人员，包括收费处、分诊处、医生、护士、咨询台、医保窗口等均需具备医保专业知识和专业素养，这些岗位的人员均是医保培训的主要对象。三是新进人员、住陪医生、实习学生和进修医生等也务必纳入培训对象范围，保证为参保患者提供同质化服务。

（二）培训内容

医疗机构在保证医疗服务的基础上，针对医保管理的特殊要求进行有重点的培训，应在培训前结合培训的目的、培训对象提前制定培训内容，如根据服务对象可分为门诊医保政策培训和住院医保政策培训；根据培训目的可以分为医保服务规范、医保业务流程培训、质量考核培训、违规处罚问题解析等，使医疗机构各部门人员按照规章制度自觉遵守服务行为，保障落实医保政策，减少医保拒付，提升医保服务质量和参保人体验。

（三）建立常态化培训工作机制

医疗机构应建立常态化培训工作机制，年度应有培训计划，按时完成。针对新政策的实施，应及时调整管理制度并落实培训，保证一线及时知晓，准确实施。

（四）要创新培训方式，向精准培训模式迈进

医疗机构医保管理工作涉及方方面面，不同岗位角色的医保工作要求不一致，培训要达到预期目的，除全员培训模式外，有针对性、分层次、点对点的培训模式以其精准有效的特点，被医疗机构普遍采用。此外医保科参加院长查房、科室晨交班，让医保管理困惑和难点在一线沟通解决。在传统培训模式的基础上，可以充分利用“互联网 +”、信息化理念和技术，通过网站、OA、视频会议等方式进行，借助微信公众号、院内微信群等工具加大医保政策的宣传，将政策精准送达。

（五）要注重培训效果

培训的最终目的是保证政策、制度的准确实施，因此要有针对性地对培训结果进行考核与评估，巩固培训效果，保证培训质量。除传统的医保政策法规考核方式外，建立医保题库，采用小程序针对培训内容完成培训考核。医保从业人员上岗资格应与医保知识考核紧密结合，保证工作质量和服务质量，实现医院医保管理科学化、系统化。

四、医院医疗保险基金管理

医疗保险基金是指通过法律规定或合同约定的方式，由参加医疗保险的用人单位或个人按照规定的基数、比例或者约定的额度，缴纳一定数量的医疗保险费从而归集形成的货币基金。包括职工基本医疗保险、城乡居民基本医疗保险、医疗救助、生育保险以及城乡居民大病保险等补充医疗保险等专项基金。医疗保险基金是医疗保险制度依存和运作的物质基础，基金的安全完整和有效运行直接关系广大人民群众的切身利益，关系到社会的民生福祉。早在 2004 年，广东省出台《广东省社会保险基金监督条例》，2016 年 7 月 1 日修订后实施。2019 年 4 月，《医疗保障基金使用监管条例（征求意见稿）》公开征求意见。国家医疗保障局 2019 年法治政府建设年度报告中指出，在全国范围内组织开展打击欺诈骗保专项治理，开展飞行检查，对定点医药机构经办初审和监督检查实现全覆盖，处理违法违规定点医疗机构 16.16 万家、定点零售药店 10.23 万家、参保个人 3.31 万人，全国共计查处违规医保资金 115.56 亿元，大多数省份基金支出增幅出现下降态势。聚焦医保基金监管现实需要，集中推进《医疗保障基金使用监督管理条例》制定工作，争取尽快颁布实施。

医疗机构做好医保基金的管理是质量管理的核心内容。医疗机构服务水准的好坏，直接关系国家医疗保障政策服务大众的优劣程度。如果任由不良医疗机构搞费用造假、重复收费、违规收费，不仅增加病患经济负担，还造成医疗保障基金亏空，医保政策执行不规范，最终伤害群众的利益。

医疗机构医保基金管理包括两个方面的内容：一是做好医保基金预算管理，二是做好医保基金监督管理。医保基金预算管理跟医保支付方式相结合，我们会在其他章节专门介绍，这里不再赘述。本节侧重医保基金的监督管理。保障基金安全是基金监督工作的首要目标。医疗机构通过建制度、抓培训、定标准、强监督、完善考核，有的放矢，做好内部基金监管工作。

第三节　加强医疗质量管理和医保服务管理

医疗质量是医院生存的根本，也是医保基金合理支出的基础保证。医保服务规范的前提和基础是医疗行为的规范，医疗机构应严格落实核心制度，在确保医疗质量的同时降低群众医疗费用负担，做到合理控制医疗费用与确保质量的有机结合，实现医疗与医保质量同步提高。医疗机构应通过构建全员参与、多层次的四级质控体系，提升医疗质量和医保服务管理。

一、规范执行医保政策

医疗机构保障患者的健康和及时就医，在此过程中规范执行医保政策，对人们到院就诊的依从性、自觉性以及缓解其经济压力有着直接影响。除参保人自觉遵守医保政策法规外，医疗机构工作人员只有规范执行医保政策，参保人利益和医保基金安全才能有效保障。随着全民医保的覆盖、深入以及时代发展，医疗保障各种新政策陆续出台，基层一线在执行过程不能快速适应，依然存在各种问题。规范执行医保政策需要从以下几个方面入手。

（一）加强医保管理从业人员的队伍建设

随着医疗制度的不断改革和深化，医疗机构医保从业人员面临着前所未有的压力。目前医保管理工作人员队伍中仍存在人员不专业、不稳定现象，导致医保政策在执行过程中难以实行到位。在今后的工作，应该首要解决医保管理工作人员的职业发展规划和归属感，加强专业培训，建立合理的考评机制，逐步塑造一支专业性强、稳定性高的专业化医保管理工作人员队伍，进而实现医保管理工作的高质量发展。

（二）医保从业人员主动作为

医保管理工作人员要转变观念和服务态度，要从被动接受监督检查转变成为主动管理和加强质量控制，运用科学的质量管理工具解决工作中的问题，优化流程以及管理模式，提高工作效率。

（三）加强医保医师管理

医保医师是指具有执业医师（含执业助理医师）资格并经执业注册，同时通过社会保险经办机构登记备案，在定点医疗机构依法为基本医疗保险参保人员提供医疗服务的执业医师。医保医师作为医保基金的直接“支配者”，在基金的安全使用和合理分配方面发挥着不可替代的作用。建立医保医师制度，完善医院监管体系，旨在提高医院管理水平，帮助医院切实用好医保政策，最大限度地发挥医保资金的作用，维护患者的医疗权益。

我国在医保医师管理方面起步较国外晚，近几年各地相继出台了一些具体的医保医师监管办法，在医保医师管理领域积累了一些经验，但在全国层面还没有形成一个统一、有效的体制与机制模式。多数地区如浙江省、深圳市等将医疗服务监管网络延伸至医保医师，通过与定点医疗机构医师签订医保医师服务协议，在地区范围内实施医保医师“积分制”管理，一个医师全年分值为 12 分，有违规行为后将被扣除相应的分值，每年度末扣分清零。全面实行医保医师协议制度后，每一位医保医师都有一个专属的医保医师服务编码，并凭编号持“证”上岗，实行积分制管理，没有服务编码或积分扣到一定程度，都不能开展相关医保医疗工作。建立医保医师信息档案库和诚信档案库，将考核、违规处理等相关情况记录在案，实行网络化、动态化管理。

（四）提高临床医师对医保政策的重视度

临床医师对医保政策的认识与执行是否有效，直接影响到医院医保政策运行好坏，所以提高临床医师对医保政策的重视度尤其重要，在执医过程中要提升医疗行为的合理性，仅靠医保办的管理仍然不够，最重要的还是需要医师进行自我管理，这就需要提升医生的自我管理机制，还要强化医师医保政策培训和考核，提高医师对医保政策的掌握率和执行力，减少违规现象的发生，不断提升医师医保政策执行的自觉性。

二、加强医院各部门间的协同性，推进医保政策的有效落实

医保管理工作涉及医院的医疗、护理、药学等多个部门，随着国家医保局的成立，定价和药品、耗材的招标采购的职能也整合到医保局，物价、采购、设备管理部门也是医保管理的工作范畴，只有多部门协同合作，才能实现医保政策的有效落实。这就需要医疗机构建立良好的医保质量管理文化，加强对医保政策的重视，营造出主动积极学习运用医保政策的良好氛围，人人参与医保管理，才能有效落实医保政策。

三、完善医保知识库，为医师规范执行医保政策提供支撑作用

医保管理建立在医疗质量管理的基础上，将临床路径、合理用药、物价收费政策和医保政策法规等进行规则的设计，通过技术手段建立信息系统医保知识库，对医疗行为进行事前预防、事中控制、事后补救，提升监管精准化、智能化水平。医保管理工作者要具备前瞻性、预见性，要善于运用科学的手段、合理的方法才能防患于未然，保障医院的医保管理工作高质量运行。

（一）梳理医疗基金支付的环节，明确重点监管内容

需要基金支付的项目，一定是医疗机构内部重点管理的内容，对基金支付环节的有效管控，是做好基金监管的重要手段。医疗机构应对照国家和当地医保政策的具体要求，认真梳理医保基金支付的具体环节，包括门诊大病、门诊特检、部分的慢病用药、住院以及特殊医保报销政策等，做好医保基金支付环节的质控管理，做好制度、流程设计和培训。

（二）建立医保内部监管的长效机制，落实考核管理

质量管理就是既要做好制度设计，又要常态化开展督查。医疗机构应根据医保质量管理的目标，针对基金风险防控的关键环节进行监管，制定相应的考核指标，建立医保内部监管的长效机制，要经常“照照镜子、治治病”，促进医疗机构合理用药、合理检查、合理治疗、合理收费，确保医保资金规范使用。关于医保质量考核内容，我们会在后面详细论述，这里简要带过。

四、医疗保险支付管理

医保支付方式，是指医保基金（主要是医保统筹基金）支付参保患者医疗费用（也就是购买医疗、医药服务）的方式。与支付方式相对应的支付制度，是指规范医疗卫生服务购买方（政府、医疗保险和参保人）与卫生服务提供方（医疗机构和医务人员）为了达成相关政策目标和合理补偿而共同遵守的一系列行为准则。支付制度主要涉及服务包、支付方式和包括合同、问责、激励机制、管理信息系统在内的相关配套机制。支付制度的核心作用是通过不同支付方式所产生的直接或者间接激励，改变供方和需方行为。医保支付是基本医保管理和深化医改的重要环节，是调节医疗服务行为、引导医疗资源配置的杠杆之一。通过支付方式改革，可以进一步强化医保标准化、精细化管理，促进医疗机构

加强对医疗服务行为的管理，提高医保管理质量，主动降低成本。

（一）我国医保支付方式改革现状

医保支付制度与医疗保险制度改革相伴而生，中国医保制度改革以来的20多年中，医保支付方式改革一直在不断探索创新。《关于进一步深化基本医疗保险支付方式改革的指导意见》（国办发〔2017〕55号）是医保支付方式改革的纲领性文件，该意见指出，到2020年，医保支付方式改革覆盖所有医疗机构及医疗服务，全国范围内普遍实施适应不同疾病、不同服务特点的多元复合式医保支付方式，按项目付费占比明显下降。重点推行按病种付费，开展按疾病诊断相关分组付费试点，完善按人头付费、按床日付费等支付方式。

目前，全国各地普遍制定了与不同医疗服务形式相适应的医保支付方式改革政策，完善与公立医院改革等医改措施相配套的管理措施，总额预算管理下的多元复合式付费框架基本形成，改革成效逐步显现。国家医保局数据显示，到2019年7月，全国97.5%的统筹地区开展医保总额控制，比2018年增加了1.9个百分点，17%的统筹地区探索了总额控制点数法。2019年以来，确定在全国30个试点城市开展DRG付费国家试点。66.7%的统筹地区对于精神病、安宁疗护、医疗康复等需要长期住院治疗且日均费用较稳定的疾病开展按床日付费，比2018年占比下降2.3%，说明部分按床日付费纳入了按病种付费管理，管理更加精细。62.3%的统筹地区开展按人头付费，与2018年基本持平。

（二）我国发布的医保支付方式主要政策

1999年，《关于加强城镇职工基本医疗保险费用结算管理的意见》：

“基本医疗保险费用的具体结算方式，应根据社会保险经办机构的管理能力以及定点医疗机构的不同类别确定，可采取总额预付结算、服务项目结算、服务单元结算等方式，也可以多种方式结合使用。”

2009 年，《中共中央、国务院关于深化医药卫生体制改革的意见》（中发〔2009〕6 号）。

2011 年，《关于进一步推进医疗保险付费方式改革的意见》（人社部发〔2011〕63 号）：

“以医保付费总额控制为基础，结合门诊统筹探索按人头付费，针对住院和门诊大病按病种付费。”

2012 年，《关于开展基本医疗保险付费总额控制的意见》（人社部发〔2012〕70 号）要求“用两年左右的时间，在所有统筹地区范围内开展总额控制”。

2017 年 1 月，《关于推进按病种付费工作的通知》。

2017 年 6 月 16 日，《关于开展按疾病诊断相关分组收付费改革试点工作的通知》。

2017 年 6 月 28 日，《国务院办公厅关于进一步深化基本医疗保险支付方式改革的指导意见》。

2018 年 2 月，《医疗保险按病种付费病种推荐目录》130 个病种。

2019 年 10 月，《关于印发疾病诊断相关分组（DRG）付费国家试点技术规范和分组方案的通知》（医保办发〔2019〕36 号）。

（三）医保支付方式的主要类型

目前经办机构采取的支付方式主要有按项目付费、按人头付费、按病种付费、按疾病诊断相关分组（DRG）付费、按床日付费、总额预付、按绩效付费（P4P）等。

1. 按项目付费（Fee For Service,FFS）

指医保经办机构按照医疗机构提供服务的项目和数量支付医疗费用的形式。

服务项目的价格标准是医保支付的依据。对于医疗机构，按项目付费可操作性强，也容易调动其积极性。中国在2014年以前主要采取按项目付费的支付方式。这是一种“后付制”，存在着诱导患者过度消费的弊端，控费效果不尽如人意。

2. 按人头付费（Capitation）

指医保机构按照预先确定每个服务人口的付费标准，以及医疗机构签约服务的参保人员数，向医疗机构支付费用，不再考虑实际发生的医疗服务数量。按人头付费方式本质上属于打包预付的一种类型，各地实施按人头付费均秉承了“总额控制、超支不补、结余留用”的原则，按人头付费可以调动医疗机构控制医疗成本的主动性，但是会造成服务提供不足、推诿患者等问题，对医疗机构的医疗管理水平和能力有较高要求。

3. 按服务单元付费（ServiceUint）

按服务单元付费，是指医疗保险经办机构根据对历史数据的测算，结合其他因素制定出服务单元平均费用标准，然后根据医疗机构的服务单元进行支付的方式。按服务单元收费兼具预付制和后付制的元素，旨在降低每日住院床日数和每日门诊人次数的成本，达到费用控制的目的。但其缺点是会诱导医院选择性收治患者，收入院指征宽松、分解住院等，导致住院床日数增加和服务质量下降。

4. 单病种付费 (Single Disease Payment)

单病种付费是指通过统一的疾病诊断分类，对一个不含合并症和并发症、相对独立单一的疾病进行诊疗全过程的独立核算和费用总量控制，并制定出相应的付费标准，医保部门按标准向医疗机构支付费用的一种方法。单病种支付是按疾病诊断相关分组付费的初级阶段，主要依据病案首页将医疗服务全过程视为一个单元，按照确定的医疗费用标准对医疗机构进行补偿，而不再是按诊疗过程中实施的每个服务项目进行支付，实际支付额与每个病例的“病种”有关，而与治疗的实际成本无关。单病种付费重点应用范围在临床路径规范、治疗效果明确的常见病和多发病领域。人社部于 2018 年 2 月发布《医疗保险按病种付费病种推荐目录》，将 130 个病种纳入单病种付费目录。

临床路径的规范不仅能保证医院服务质量，还能帮助其衡量某一病种所需的实际费用，并以此为根据，制定合理的单病种付费标准。单病种付费可以将同病种的医疗资源利用标准化，但是灵活度较差，一些复杂疾病可能仅仅得到少量费用，治疗时会给医生造成职业风险，降低工作的积极性。

5. 按病种分值付费

按病种分值付费又称病组点数法，指在总额控制的基础上，赋予每个病种一个相对的点数，技术含量高、复杂程度高的病种点数多，根据所有医院实际发生病种及数量计算总点数，而点值等于预算总额除以总点数，最终医院获得的预算额便是其全年的总点数乘以医院系数，再乘以点值。浙江省金华市是这类支付方式的代表地区。按病种分值付费与按疾病诊断相关分组付费在原理上异曲同工，都是按病种付费的一种形式，按病种分值付费既能控制总体费用也能体现医院和医生的技术劳务价值，可操作性强。另外还能促进同级医疗机构之间的竞争协作，助推分级诊疗，不失为一种渐进式推进 DRG 的自下而上的方法。但是，在实施过程中要求医疗资源比较丰富，如果一个地方医院很少，很难有竞争，病种分值付费就不一定能发挥作用。

6. 按疾病诊断相关分组（Diagnosis Related Groups，DRG）付费

DRG 付费又称按疾病诊断相关分组付费，是将病人按照疾病严重程度、治疗方法的复杂程度以及资源消耗的不同分成若干组，通过测算“费率”与每组“权重”，确定各 DRG 分组的支付标准与各医院的总额。DRG 属于按病种付费方式的一种。利用 DRG 分组技术确定了每个 DRG 细分组的定价标准后，如何进行预算基金分配（PPS），存在着费率法与点数法两种方法选择。DRG 费率法是指参照各疾病诊断相关分组权重标准，根据预测的住院总费用和 DRG 总权重计算出分级费率，将年度医保住院统筹基金进行分配的方式。DRG 点数法是参照各疾病诊断相关分组权重标准，运用工分制原理，建立不同疾病组医疗费用与权重之间的相对比价关系，换算出每个 DRG 组的点数，并以病组点数来分配区域内医保基金的付费方式。

DRG 付费作为一种较先进的医疗支付方式，自美国 1983 年推行开始，已先后在德国、日本、澳大利亚等 40 余个国家和地区投入使用，并取得了积极成效。我国在 20 世纪 80 年代开始进行 DRG 的研究，初期主要验证 DRG 可否用来作医院绩效管理，2011 年，DRGs 正式在北京用于医保支付，2017 年是从国家层面推进“中国版 DRG”收付费改革的第一年。国内外实践经验表明，DRG 收付费制度在控制医疗费用不合理增长、促进医疗机构降低成本、提高医疗服务质量等方面发挥了积极作用。

在医保版 DRG 没有发布之前，国内在卫生领域已经有五个比较成熟的 DRG 版本，C–DRG、CN–DRG、BJ–DRG、上海“申康版”DRGs、CR–DRG。

1. C-DRG：研发单位是国家卫计委卫生发展研究中心，使用全国 1 200 多家三级医院 2012–2016 年成本数据。2017 年 6 月，C–DRG 改革试点在深圳启动，广东深圳市、福建三明市、新疆克拉玛依列入试点。医保版 DRG 出台后，三个试点已经被降为观察点。

2. CN-DRG：研发单位是国家卫计委质控中心，主要在北京地区、相关省市医院做绩效评价。

3. BJ-DRG： 研发单位是北京市医管所，虽然是北京（BJ）作为前缀，但它是我国卫生领域 DRG 最早的一个版本，是医院内部做质量绩效管理的鼻祖。主要在北京地区；相关医院用于内部绩效评价。2001 年，《北京市基本医疗保险规定》印发，医保制度的框架建立。后来又经过漫长的准备阶段，直到 2008 年，北京版 DRGs 研制出了 654 个病种的分组器，涵盖了临床路径中 2 万种诊断、2 000 种手术方案。2011 年，DRGs 正式应用于北京市部分医院的医保支付，将 DRGs 在中国的发展推进了一大步。

4. 上海"申康版"DRGs： 2005 年成立的上海申康医院发展中心，是全国卫生系统首个管、办分开试点的产物。申康管理着上海市的 37 家三级医院，2013 年，申康选择了澳大利亚版的 DRGs 系统。"申康版"DRGs 制定了 653 个疾病诊断分组，并为每个分组制定难度系数。这一体系重点监测当地数十种典型住院病种的绩效指标，包括诊疗费、药费、药占比、手术前等待时间、平均住院日、出院人数等，就同一病种展开医院间的绩效比对分析，奖优罚劣。

5. CR-DRG： 研发单位是原国家卫计委基层司，主要用于新农合结算的相关应用。

表 1　四大 DRG流派分组对比

分类		BJ-DRG	CN-DRG	C-DRG	CR-DRG
分组	组数	751 组	783组	958组	
	分组规则	参照AP-DRG 和AR-DRG分组原理和方法	参照美国版DRG	参照澳大利亚AR-DRG,采用ECC模型来测算疾病严重程度	

分类		BJ-DRG	CN-DRG	C-DRG	CR-DRG
编码体系	诊断编码	ICD-9-CM-3 国际版+ICD10北京临床版	ICD-10 国际版+ICD10北京版	ICD-10国标版+中国临床疾病诊断规范术语集	
	操作编码	操作| ICD-9-CM-3 国际版+ICD-10 北京临床版	+ICD-10 北京临床版际版+ICD10北京版	中国医疗服务操作分类与编码(CCHI)	
分组数据		北京12家大型医院70万份病案首页数据	使用北京市1999年成本数据	使用全国1 200多家三级医院 2012-2016年成本数据	
研发单位		北京市医管所	国家卫计委质控中心	国家卫计委卫生发展研究中心	原卫计委基层司
覆盖地区		主要在北京地区、相关医院用于内部绩效评价	主要在北京地区、相关省市医院做绩效评价	三个城市的公立医院和3个城市（深圳、克拉玛依、三明）试点,唐山和邯郸等市	
绩效评价		从各科室、各MDC的医疗服务能力、效率和安全等维度评价医院的绩效	从各科室、各MDC 的医疗服务能力、 效率和安全等维度评价医院的绩效	从各科室、各MDC的医疗服务能力、效率和安全等维度评价医院的绩效	

（四） 国家医保局CHS-DRG

国家医保局于 2019 年 10 月下发〔 2019 〕36 号《关于印发疾病诊断相关分组（DRG）付费国家试点技术规范和分组方案的通知》(以下简称《通知》),同时公布《国家医疗保障 DRG 分组与付费技术规范》(以下简称《技术规范》)和《国家医疗保障 DRG（CHS-DRG）分组方案》(以下简称《分组方案》), 会同财政部、国家卫生健康委、国家中医药管理局在 30 个试点城市共同启动了疾病诊断相关分组（DRG）付费国家试点工作。CHS-DRG 包括了 26 个主要诊断大类（Major Diagnosis Category,MDC）, 376 个核心 DRG（Adjacent Diagnosis

Related Groups,ADRG），其中 167 个外科手术操作 ADRG 组、22 个非手术室操作 ADRG 组和 187 个内科诊断 ADRG 组。统一的国家医保版的权威 DRG 付费技术规范方案出台，是医保标准化体系建设的重要内容。其目的是打造试点“一盘棋”，精准“本地化”，具体付费符合各地实际，使得 CHS-DRG 成为国家医保领域的“通用语言”。

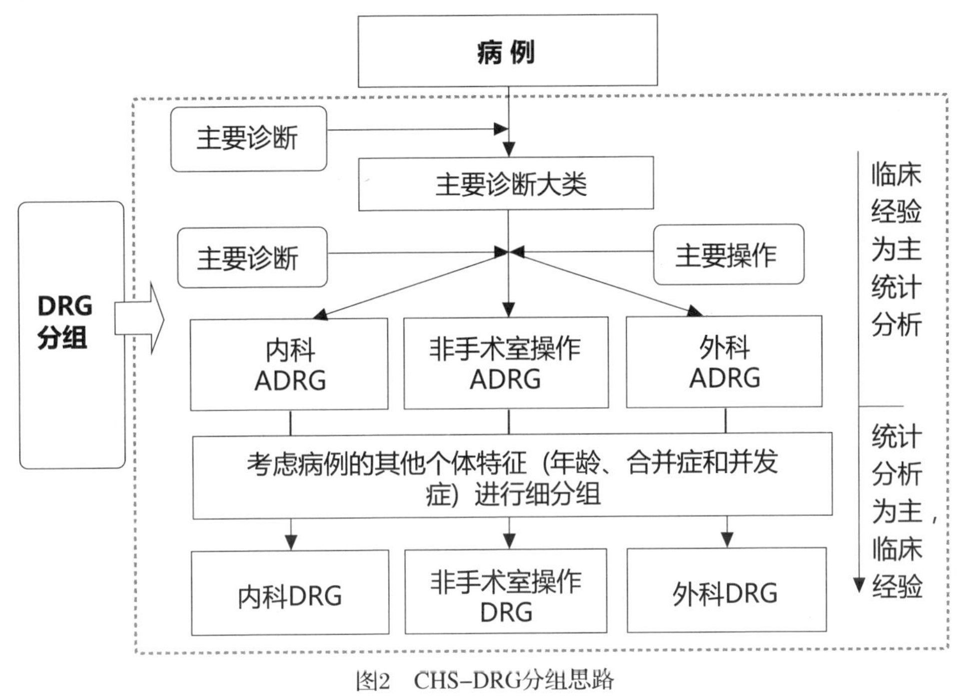

图2 CHS-DRG分组思路

第四节 医疗保险质量管理的标准化和信息化建设

一、标准和标准化的定义

所谓标准，就是为了在一定的范围内获得最佳秩序，经协商一致制定并由公认机构批准，共同使用和重复使用的一种规范性文件。而标准化，就是制定标准、实施标准并进行监督管理的过程。彼得·德鲁克说："管理就是原则。"管理中最为本源的东西就是标准化、流程化、格式化，而标准化是规范管理的基础。标准化是当代先进的科学技术和世间经验的总结，是指导企业各项活动的依据。通过实施标准化管理，有效组织工作活动的各个要素和环节，使各项工作活动达到规范化、科学化、程序化，建立起生产、经营的最佳秩序。我国《中华人民共和国标准化法》是标准化工作应当遵循的基本法，早于1988年12月29日第七届全国人民代表大会常务委员会第五次会议通过，2017年11月4日第十二届全国人民代表大会常务委员会第三十次会议修订，2018年1月1日起实施，该法所规定的标准涵盖农业、工业、服务业以及社会事业等领域。标准化工作的任务是制定标准、组织实施标准以及对标准的制定、实施进行监督。

（一）我国标准的分类

按照适用范围，标准分为国家标准、行业标准、地方标准和团体标准、企业标准。国家标准、行业标准和地方标准的制定主体是行政实体，即各级政府部门；团体标准和企业标准的制定主体是具有法人资质的社会团体和企业。

1. 国家标准

对需要在全国范围内统一的技术要求应当制定国家标准。由国务院标准化行政主管部门——国家质量技术监督总局与国家标准化管理委员会制定（编制计划、组织起草、统一审批、编号与发布）。国家标准在全国范围内适用，其他各级别标准不得与国家标准相抵触。

2. 行业标准

由行业有关行政主管部门制定，是对没有国家标准而又需要在全国某个行业范围内统一的技术要求所制定的标准。如卫生行业标准（WS），由卫生行业主管政府部门制定。行业标准是对国家标准的补充,在全国某个行业范围内适用,是专业性、技术性较强的标准。行业标准在相应的国家标准实施后即行废止。

3. 地方标准

由省、自治区、直辖市标准化行政主管部门制定。在没有国家标准和行业标准而又需要在省、自治区、直辖市范围内统一的事项，可以制定地方标准，并报国务院标准化行政主管部门和国务院有关行政部门备案。地方标准在国家标准或行业标准实施后即行废止。

4. 团体标准

是由具有法人资格的团体按照标准制定程序自主制定发布，由社会自愿采用的标准。团体标准技术要求高于推荐性国家标准、行业标准相关技术要求。

5. 企业标准

企业生产的产品没有国家标准、行业标准和地方标准的，应当制定相应的企业标准。对已有国家标准、行业标准或地方标准的，鼓励企业制定严于上述标准要求的企业标准。

（二）我国标准的性质

我国标准按性质分为强制性标准、推荐性标准和指导性技术文件。

1. 强制性标准

是国家通过法律的形式明确要求对于一些标准所规定的技术内容和要求必须执行，不允许以任何理由或方式加以违反、变更。包括强制性的国家标准、行业标准和地方标准。

2. 推荐性标准

是国家鼓励自愿采用的具有指导作用而又不宜强制执行的标准，即标准所规定的技术内容和要求具有普遍的指导作用，允许使用单位结合自己的实际情况，灵活加以选用。团体标准属于推荐性标准。

3. 指导性技术文件

是为处于技术发展过程中（如变化快的技术领域）的标准化工作提供指南或信息，供科研、设计、生产、使用和管理等有关人员参考使用而制定的标准文件。

二、医疗质量安全相关标准和行业标准

医疗质量一直是医院生存和发展的生命线，是医院管理的核心所在。新时期，转变观念，建规立制，打造质量安全管理新航母，寻觅医院发展新动力，是医院管理者当下和未来的重要使命和关键课题。判断一家医院的医疗质量如何，需要凭借其评价机构的认证，医院评审评价是国际上盛行的一种医院质量评估制度，国际上通称“医疗机构评审”，其含义是由一个医疗机构之外的专业权威组织对该机构进行评估，以判断评定该机构满足质量管理体系标准的符合程度，如我们熟知的等级医院评审、美国的 JCI、德国的 KTQ、挪威的 DNV 以及英国的 IsQua 等。后面我们会在质量评价一节详细阐述，这里就不多赘述，本节重点讲述我国医疗质量安全的相关标准。

（一）国家标准

要加强行业自律，保证医疗质量和患者安全，医疗质量亟待科学化、标准化、精细化管理。目前已发布临床诊断、医疗技术、卫生防护、消毒灭菌、医疗器械管理等方面与质量安全相关的强制性标准 134 项、推荐性标准 599 项。其注重业务技术标准，多用于业务科室的技术指导与应用。

（二）行业标准

包括卫生行业标准（WS）和医药标准（YY）。① WS 标准：包含 18 类 701 项，其中与质量安全管理相关的有 4 类 83 项，分别是医疗服务 47 项、医院感染控制 22 项、医疗机构管理 12 项、护理 2 项，核心价值是保障医院管理和质量安全行业准入。② YY 标准：共 1 319 项，其中与质量安全相关的 807 项，核心价值是为保障药品和医疗器械质量提供安全要求、通用要求、操作规程、技术条件、测定方法及质量管理体系要求等依据。

（三）等级医院评审标准

1989 年 11 月，卫生部发布《关于实施医院分级管理的通知》和《综合医院分级管理标准（试行草案）》，1989 年 11 月至 1998 年 8 月实施第一阶段医院评审工作，核心价值是评审医院行业准入资格、分级标准与分等标准。2008 年，原卫生部颁发《三级综合医院评审标准（2011 年版）》和《三级综合医院评审标准实施细则（2011 年版）》，核心价值是以患者为中心，围绕质量、安全、服务、管理和绩效进行评审，标准条款包括 6 章，67 节，342 条，636 款（核心 48 款），其中关于医疗质量安全的标准合计 4 章，30 节，251 条，496 款（核心 38 款），重点关注医院服务、患者安全、医疗质量安全以及护理管理与质量持续改进。

三、医疗保险管理标准化建设

医疗保险管理标准化是指在一定范围内获得最佳秩序，通过一定的机构和程序，采取一定的方式、方法和手段，对医疗保险管理中实际的或潜在的问题制定共同的和重复使用的规则的活动。实现医疗保险精细化、规范化管理，提升医保管理质量，医疗保险管理的标准化建设是必然趋势和重要途径。只有做到全方位标准化管理，才能保证医疗保险管理规范和服务质量。我国医疗保障制度较国外起步晚，建立运行20多年来，现行的社保保险标准体系主要依据服务行业标准框架构建，但由于医疗保险服务因其行业的特殊性和复杂性，涉及经办方、参保方和医疗服务提供方三方之间的关系，尚未形成统一的标准化体系，难以适应医疗保障治理现代化要求。同时由于各地经济发展水平不一，医疗保障不均衡，各地医保政策不一致，加之医疗质量参差不齐，信息化平台建设不完善，制约医疗保险标准化建设。2013年国务院办公厅印发《深化医药卫生体制改革2013年主要工作安排》，2015年印发《深化标准化工作改革方案的通知》（国发〔2015〕13号）和《国家标准化体系建设发展规划（2016–2020年）》等文件，要求统一规划，推进基本医疗保险标准化和信息化建设。国家医保局成立后，以习近平新时代中国特色社会主义思想为指导，全面贯彻党的十九大和十九届二中、三中全会精神，坚持以人民为中心的发展思想，积极适应医疗保障改革发展需要，出台《医疗保障标准化工作指导意见》，医疗保险标准化和信息化建设取得实质性进展，为新时代医疗保障高质量发展提供支撑。

医疗保险管理的标准化建设包括医疗保障信息业务编码标准、统一标识、档案管理规范等，以及医疗保障信息化建设涉及的网络安全、数据交换、运行维护等技术标准。就医疗机构而言，与医保质量管理标准化密切相关的内容包含医疗保险目录的标准化、医疗保险数据的标准化、流程的标准化和服务的标准化，在保证质量的同时提高效率。

四、目录的标准化

医保目录是我国基本医保的支付依据。《中华人民共和国社会保险法》第二十八条规定，只有符合基本医疗保险药品目录、诊疗项目、医疗服务设施标准（以下简称“医保目录”）以及急诊、抢救的医疗费用，方可从基本医疗保险基金中支付。为保障参保人的基本医疗需求，合理控制医疗费用支出，规范基本医疗保险用药、诊疗、服务设施等方面的管理，保证基本医疗保险制度的健康运行,国家制定了《基本医疗保险药品目录》《基本医疗保险服务设施目录》《基本医疗保险诊疗项目目录》（以下简称“三大目录”），对纳入基本医疗保险支付范围的药品、诊疗项目、医疗服务设施和支付标准进行严格规定。原劳动和社会保障部等 7 部门出台的《关于印发城镇职工基本医疗保险诊疗项目管理、医疗服务设施范围和支付标准意见的通知》，采用排除法分别规定了医保不予支付费用和支付部分费用的基本医疗保险诊疗项目（指各种医疗技术劳务项目和采用医疗仪器、设备与医用材料进行的诊断、治疗项目）。

目录管理是医保质量管理的重要环节，做好目录管理工作，对于提高医保基金使用效率,进而提升医保治理水平具有重要意义。我国在三大目录设计之初，由于各地经济发展水平、医疗服务技术、基金运行情况不同，未对全国医保目录做统一规定。一是地方具有目录调整权限，如原劳动和社会保障部等 7 部门制定的《城镇职工基本医疗保险用药范围管理暂行办法》（劳社部发〔1999〕15 号）规定，各省（区、市）可根据当地经济水平、医疗需求和用药习惯，适当进行调整，增加和减少的品种数之和不得超过国家制定的“乙类目录”药品总数的 15%。对于诊疗项目及医疗服务设施，原劳动和社会保障部等部委出台的《关于印发城镇职工基本医疗保险诊疗项目管理、医疗服务设施范围和支付标准意见的通知》（劳社部发〔1999〕22 号）采用排除法分别规定了医保不予支付费用和支付部分费用的范围。在此基础上各省（区、市）根据医疗技术发展、基金运行等实际情况，采取排除法或准入法确定了本地的诊疗项目和医疗服务设施项目目录。二是全国药品、诊疗项目及医疗服务设施编码不统一，目前各省份目录代码不兼容，要统一全国医保目录，先要统一编码规则，各省份三大目录编码要完成与国家统一编码的转换，工作量大。基本医保药品、诊疗项目目录、医疗服务设施标准不统一，无法实现真正意义上的标准化管理。国家医保局组建之后对医保目录进行了动态常规调整，并着手对三大目录编码规则、药品、耗材进行统一编码管理。目前，药品、诊疗项目及设施、耗材编码规则的全国标准化工作已经取得进展，已经在部分地区和医疗机构进行试点，而医疗服务价格执行的是属地化管理，具体收费标准由各省、市医保部门制定。在前期编码工作的基础上，制定全国医疗服务项目价格规范，统一标准之后，三保才能真正合一，全国性的医保目录才会成为现实。

（一）药品目录

《国家基本医疗保险、工伤保险和生育保险药品目录》（简称《药品目录》）是基本医疗保险和生育保险基金支付药品费用的标准。临床医师根据病情开具处方、参保人员购买与使用药品不受《药品目录》的限制。为适应临床医药科技的进步和参保人员用药需求的变化，基本医疗保险药品目录建立动态调整机制，国家分别于2000年、2004年、2009年、2017年、2019年调整制定了基本医疗保险药品目录。纳入基本医疗保险支付范围内的药品，包括甲类药品目录和乙类药品目录两种。甲类药品是指由国家统一制定的，临床治疗必需的，使用广泛，疗效好，同类药物中价格低的药物。乙类药品是可供临床治疗选择使用、疗效好、同类药品中比甲类药品价格较高的药品。西药、中成药和协议期内谈判药品分甲乙类管理。在2019版医保药品目录前，乙类药品的15%是地方目录可调整的权限，从而形成了所谓的“地方增补目录”。2019年7月发布的《关于建立医疗保障待遇清单管理制度的意见（征求意见稿）》中强调“国家统一制定国家基本医疗保险药品目录，各地严格按照国家基本医疗保险药品目录执行，原则上不得自行制定目录或用变通的方法增加目录内药品”。2019 版医保药品目录发布后，“除有特殊规定的以外，地方不再进行乙类药品调整，原增补的品种原则上应在 3 年内逐步消化，并优先消化被纳入国家重点监控范围的品种”。而在随后国家医保局召开的相关会议上，这个调整时限被进一步明确为“按各省增补数量的 40%、40%、20%，三年内剔除完毕”。药品目录标准化工作指日可待。

示例： 2020 版医保药品目录构成

《药品目录》西药部分、中成药部分、协议期内谈判药品部分和中药饮片部分所列药品为基本医疗保险、工伤保险和生育保险基金准予支付费用的药品。其中西药部分 1 279 个，中成药部分 1 316 个（含民族药 93 个），协议期内谈判药品部分 114 个（含西药 91 个、中成药 23 个），共计 2 709 个。

西药、中成药和协议期内谈判药品分甲乙类管理，西药甲类药品 398 个，中成药甲类药品 242 个，其余为乙类药品。协议期内谈判药品按照乙类支付。

中药饮片部分除列出基本医疗保险、工伤保险和生育保险基金准予支付的品种 892 个外，同时列出了不得纳入基金支付的饮片范围。

《药品目录》包括限工伤保险基金准予支付费用的品种 6 个； 限生育保险基金准予支付费用的品种 4 个。工伤保险和生育保险支付药品费用时不区分甲、乙类。

（二）服务设施目录

基本医疗保险医疗服务设施目录指由定点医疗机构提供的，参保人员在接受诊断、治疗和护理过程中所必须的生活服务设施项目，主要包括住院床位费或门（急）诊留观床位费。原劳动和社会保障部等 7 部门制定的《关于印发城镇职工基本医疗保险诊疗项目管理、医疗服务设施范围和支付标准意见的通知》(劳社部发〔1999〕22号)，采用排除法分别规定了医保不予支付费用和支付部分费用的诊疗服务设施范围。主要参照物价部门规定的标准予以医保支付。因各地医疗服务设施收费标准不同，参保险种不同，因此基本医疗保险支付标准也不同，如深圳基本医疗保险一档、二档参保人住院床位费支付标准为60元/日，但是三档参保人的支付标准为37元/日，超出支付标准的由参保人个人自付。

随着社会经济发展，人民生活水平日益提高，公立医院设立特需服务以满足更高层次的医疗服务需求，特需医疗始于20世纪80年代初，1992年原卫生部《关于深化卫生改革的几点意见》中明确提出，“为满足社会不同层次的医疗保健需求，在确保提供基本服务的前提下开展特殊服务”。据公开资料显示，特需医疗分为三大类：一是特需单元，即提供全套特需服务的特需病房、高干病房、国际部等；二是特需技术，包括专家门诊、点名手术、加班手术、特别会诊等；三是特需服务，包括导医服务、全程护理、特殊病房等。目前主管部门允许公立医院有10%的特需诊疗服务，但是特需医疗服务原则上不纳入医疗保险支付范围。

（三）诊疗项目目录

基本医疗服务，英文描述为：basic medical service/basic medical care，是指医疗保险制度中对劳动者或社会成员最基本的福利性照顾。基本医疗服务的目标是保障劳动者或社会成员基本的生命健康权利，使劳动者或社会成员在防病治病过程中按照防治要求得到基本的治疗。原劳动和社会保障部等7部门制定的《关于印发城镇职工基本医疗保险诊疗项目管理、医疗服务设施范围和支付标准意见的通知》(劳社部发〔1999〕22号)，规定我国基本医疗保险诊疗项目应符合以下条件：

① 临床诊疗必须安全有效、费用适宜；

② 由物价部门制定了收费标准；

③ 在定点医疗机构为参保人员提供的定点医疗服务范围内。

采用排除法分别规定了医保不予支付费用和支付部分费用的诊疗服目录范围。

（四）耗材目录

我国高值医用耗材由于价格形成机制不合理、医保支付政策缺乏、医院管控意愿不强等原因，一直以来价格虚高。2019 年 7 月 31 日，国务院印发《治理高值医用耗材改革方案》（以下简称《改革方案》）提出实行高值医用耗材目录管理，健全目录动态调整机制，及时增补必要的新技术产品，退出不再适合临床使用的产品。建立高值医用耗材基本医保准入制度，逐步实施高值医用耗材医保准入价格谈判，实现“以量换价”。耗材管理成为医疗机构内部管理的重要内容，与医保管理质量密切相关。公立医院积极开展医用耗材的管理工作，不仅能够降低医院的耗材成本、降低耗材占比及实现合理控费，而且还可以提高医院的知名度，为医院赢得良好的口碑。耗材目录的统一和医保准入是管理的难点，一方面，现有的医保医用耗材管理制度为“排除法”，即在《国家基本医疗保险诊疗项目范围》中规定了基本医疗保险不予支付费用、支付部分费用的诊疗项目范围，改为“准入法”管理需要从根本上改变医保对诊疗项目的管理方式，改革难度较大；另一方面，医用耗材种类繁多，实行“准入式”管理无论从制度层面还是技术层面都存在困难，以最新发布的医保编码为例，第一批药品编码涵盖 80 281 条药品信息，而第一批医用耗材编码涉及的规格型号却高达 8 932 750 个，呈现数量级的差异。

五、数据的标准化

数据（data）是对客观事物的符号表示，是用于表示客观事物的未经加工的原始素材，如图形符号、数字、字母等。我们这里所讲的医疗保险管理数据是指在医疗活动及医保管理中的测量值、事实或者临床观察。我国医保领域的数据量大，内容丰富，但由于医保制度割裂，在很多地区分属不同部门管理，区域分割，各种数据分散在近 2 000 个系统中，加之信息标准、硬件技术、网络技术和开发商割据等带来的技术阻断，数据“孤岛化”、清洗不足、质量不佳、数据收集、整理、应用等方面还存在问题，给相关管理和研究工作带来了诸多困难。随着医疗大数据与人工智能技术的深入发展，数据可用性已经成为制约医疗健康大数据智能分析应用发展的瓶颈。

发挥数据资源的价值，是提高医保管理质量的重要手段，而高质量的数据更是医院竞争和生存的必须。目前医疗机构医保管理数据主要来源于四个方面：一是参保人信息如年龄、性别、参保性质、参保年限、医保待遇等；二是医疗机构基础数据如人员、科室、专业、设备、开展业务如病种等；三是诊疗数据包括疾病诊断、手术操作、检查检验、治疗、药品等；四是医保支付数据，包括支付比例、基金类别、支付限额、自费等。2019 年 6 月 27 日，国家医保局印发《医疗保障标准化工作指导意见》（医保发〔2019〕39 号）提出，统一规划、统一分类、统一发布、统一管理，制定各项医疗保障标准，推动标准实施，形成全国统一的医疗保障标准化体系，为新时代医疗保障高质量发展提供支撑。国家医保局将带头完成医保疾病诊断、手术操作分类与代码、医疗服务项目分类与代码、医保药品分类与代码、医保医用耗材分类与代码、医保系统单位分类与代码、医保系统工作人员代码、定点医疗机构代码、定点零售药店代码、医保医师代码、医保护士代码、医保药师代码、医保门慢门特病种目录、医保按病种结算目录、医保日间手术病种目录、医保结算清单的编制工作。

六、流程的标准化

（一）流程与流程管理

流程 (Business Process)：最早追溯自“企业流程”，是企业为了达成某个特定目标，预先定义一连串的处理规则和活动项目，并通过企业组织内部或外部的成员加以执行或进行资料传递，以便达成原定目标的过程。

流程管理 (BPM)：是以顾客需求为开始来组合影响需求的工作活动，并应用 PDCA 的循环，循序渐进地改善工作，使管理系统以更有效方式，满足顾客所需要。

（二） 医疗保险流程

医疗保险流程是医疗保险管理规则的体现，是通过一系列的管理制度和有效措施，确保医疗机构在为参保人提供服务的各个环节都符合医疗保险政策法规和管理要求。医疗保险流程是医疗保险质量管理的核心。医疗保险流程管理是一套以流程为核心的管理体系，包含有制度、资源、执行、监管、优化等管理手段。通过流程化管理，可以有效提升制度的执行规范和工作效率。

流程是医院运作的基础，随着病人角色意识与自主性的上升，医疗保险制度和支付制度的变革对医院经营管理质量造成巨大挑战，完善的医院流程能减少医疗服务成本，提高医疗质量，防范医疗纠纷，保障病人安全。医疗机构医疗保险服务流程涵盖参保人在医疗机构就诊的全过程，同时延伸院外，主要包括门诊、急诊、住院就诊流程，按照医保政策要求的特殊业务如慢（特）病等申办流程，制定流程要遵循以下几个原则：

一是以患者为中心的原则。服务流程的制定需要医院管理部门应充分理解患者价值观，努力站在患者的角度看问题，理解患者需求。以患者为中心包含了参保患者和医务人员两方面的设计，需要对医院医疗服务的各个环节做出科学合理的安排，才能满足方便患者，同时便于医务人员有效开展工作。

二是合法合规的原则。医保管理是政策性非常强的工作，医疗服务的开展必须遵循医保管理政策法规，才能保证参保人合法权益和基金安全。因此流程的设计务必基于医疗、医保等政策法规，医保管理者应在方便参保人、医务人员的同时，在流程中融入政策要求，保证就诊流程的合法合规。

三是可用性和高效性的原则。流程的设计应满足业务的可用性和高效性需求。医疗保险管理流程包括服务类、管理类等，应紧密围绕参保人就诊和业务办理的各环节进行，不断完善流程中影响质量和效率的环节，减少参保人在就医各环节的等候时间、业务部办理的中间环节。目前很多医院都采用“一站式”的医疗服务设计和服务模式，在提高参保人的就医体验的同时，提高医院管理运行效率。

（三）流程需要依托信息化

要给顾客提供更好的服务，就是要改进生产力，要改变管理过程。而流程的优化是提高效率的必要条件。电子医保卡、各项政策的紧密出台助力互联网+医保建设，如2018年8月，国务院办公厅印发《关于促进“互联网+医疗健康”发展的意见》，以互联网为技术手段在医疗行业广泛用于预约挂号、就医咨询、医保支付等方面。2019年9月，国家医保局发布《关于完善“互联网+”医疗服务价格和医保支付政策的指导意见》（医保发〔2019〕47号），“打通网上看病就医的最后一公里”，助力医保服务流程的信息化建设。2020年新冠疫情发生后，2月28日，国家医保局联合国家卫健委发布《关于推进新冠肺炎疫情防控期间开展“互联网+”医保服务的指导意见》（以下简称《指导意见》），就疫情期间开展“互联网+”医保服务提出多项举措，包括明确各地可将符合条件的“互联网+”医疗服务费用纳入医保支付范围，各医院都加快智慧医院建设，通过信息技术手段改善医院服务流程，优化医保服务管理流程，实现信息共享，缩短患者办理时间，提高医保服务满意度。

（四） 医疗保险流程标准化

医保质量管理离不开制度的规范执行，标准化流程管理是有效手段。医保管理和服务流程标准的制定、贯彻、修订是标准化活动的核心。标准化是制定、贯彻、修订标准不断循环的过程，国家医保局日前印发《全国医疗保障经办政务服务事项清单的通知》，公布了10个大项共28小项的医保经办政务服务事项清单（以下简称《全国清单》），涉及医保经办服务的方方面面。可以成为目前为止医疗保险流程标准化的指南和纲领性文件。医疗机构可以参照《全国清单》，结合业务范畴标准化医疗保险业务流程，针对参保患者和医务人员、医保岗位从业人员进行标准化流程管控。通过流程的执行、流程监控，借助品管圈、PDCA等质量管理工具进行流程分析，找出原有流程中的漏洞和不适宜环节，借助信息化手段，调整并不断优化，实现新型、高效、便捷医保服务管理新模式，形成流程按照标准化作业程序（Standard Operation Procedure，SOP），使所有人都能清晰准确掌握整体工作流程，从而达到管理的标准化。

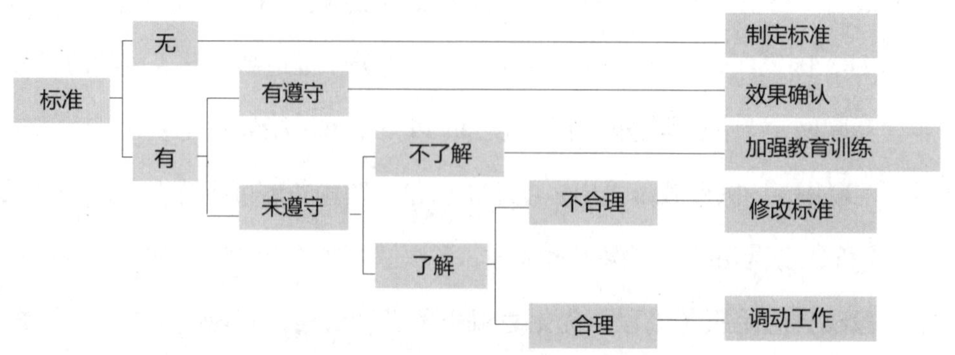

图3　某医院参保患者业务服务全流程设计

七、服务的标准化

不同的服务可以给顾客带来不同的体验，高质量的服务可以提高顾客忠诚度、品牌美誉度，服务的标准化和服务效率构成高质量服务的内涵，服务效率的提高离不开服务标准的规范统一。只有统一服务标准，才能实现服务的规范化和流程化，效率的提高才有保证。2016 年 6 月 26 日，原卫生部、国家食品药品监管局、国家中药管理局联合发布《医疗机构从业人员行为规范》，是医疗机构从业人员职业素养和服务水平的指导性文件。为进一步规范医院的医疗保险管理和服务工作，推动建立、完善医院医疗保险工作制度和管理机制，促进医疗保险与医疗服务的协同、可持续发展，中国医院协会医保专委会（以下简称“专委会”）于 2013 年组织制定了《全国医院医疗保险服务规范》，对医院建立和完善医院医疗保险工作制度和管理机制，规范医疗保险管理和服务工作提出了明确的要求。规范共七章三十五条，涉及医院医保管理每个环节。同时为评估规范执行效果，持续推进医院医保管理体系建设，专委会于 2016 年 3 月启动了规范落实情况调研工作，到目前为止，已连续开展了三年调研，并于每年 10 月向参加调研的医院作通告。

国家医保局发布的《全国清单》按照统一事项名称、统一事项编码、统一办理材料、统一办理时限、统一办理环节、统一服务标准的“六统一”要求，规范医疗保障经办政务服务通用事项。对照服务质量最优、所需材料最少、办理时限最短、办事流程最简的“四最”改革目标，实现“群众办事不求人、最多只跑一次”，医疗机构和医保从业人员既要遵守基本行为规范，又要遵守与职业相对应的分类行为规范，医保服务实现标准化管理、无差别办理，为参保人提供线上线下统一、服务标准统一、服务品质统一、品牌形象统一的服务体验，促进医疗保险事业与医疗卫生事业的和谐、健康、可持续发展。

第五节　医院医疗保险质量管理评价体系

医疗机构建立质量管理体系是为有效和高效地实施质量管理，质量管理体系的每一个过程都直接或间接地影响医疗服务品质。通过对质量管理体系过程的监视和测量，判定医疗机构是否符合或达到事先规定的标准或要求，从而对医保服务质量做出客观的结论。提高整体评价过程运行的有效性，实现质量管理体系系统性 PDCA 循环改进。《国务院办公厅关于建立现代医院管理制度的指导意见》（国办发〔2017〕67 号），提出：完善医院管理制度，建立“黑名单”制度，形成全行业、多元化的长效监管机制。而现阶段加大医保基金监管力度，对医保管理质量提出更高要求，医疗机构必须管理规范化、精细化、科学化，基本建立权责清晰、管理科学、治理完善、运行高效、监督有力的体系，积极组织开展本机构医保质量预警、监测、统计、分析、考核、评估等工作，才能适应新时代医院医疗保险质量管理的要求。

一、国外医疗机构质量评价体系介绍

（一）ISO医疗质量安全管理评审标准与ISO 认证

国际标准化组织（International Organization for Standardization，ISO）成立于 1947 年，宗旨是在世界范围内促进标准化及其相关活动的发展。1987 年 ISO 颁布 ISO 9000 质量管理标准，1994 年颁布 ISO 9000 族质量管理体系标准，推动组织建立质量目标，实施质量管理。目前，全球 150 多个国家或地区将其等同国家标准。ISO 9001 是现代服务业质量管理体系标准，为医院全面质量管理提供了标准化方法和理论依据，核心价值是质量，强调过程控制、事前预防、持续改进和建立 PDCA 循环管理模式。

ISO 9001 认证：国内较多引进用来提供方法和制度进行医院标准化管理，并作为实现等级目标的重要补充。2001 年，上海交通大学医学院附属仁济医院首家通过 ISO 9001 认证。随后国内大部分医院开始引用该标准进行医院管理、质量控制、护理管理、感染管理及规章制度管理等。

ISO 15189 认证：国内医疗机构引进 ISO 15189 认证，用于指导医学实验室建立完善的质量管理体系，规范实验室管理和技术，评估实验室质量和能力，保证实验结果的精确、可溯源。2005 年，解放军总医院临床检验科首家通过认证。2008 年，2007 版 ISO 15189 转化为国家标准并发布。目前，我国通过 ISO 15189 实验室认证的医学实验室共有 311 家（含输血科、血液中心）。

（二）美国JCI质量安全管理标准与JCI认证

美国外科协会（American College of Surgeons，ACS）1913 年首次提出医院发展的目标是实现医疗质量的标准化；1919 年提出“5 项标准”（The Minimum Standard）用于医疗质量的监管与评价；1920 年开展医院设施设备标准化管理以支持医院外科诊疗服务；1926 年开展包括病案审核、医师资质认证和外科手术审核标准化项目；1935 年 ACS 主席 Mac–Eachen 提出引进管理理论，通过量化质量和技术标准化管理医院的质量和效率；1950 年由 ACS 等协会合力组建医院评审联合委员会（Joint Commission on Accreditations of Hospitals，JCAH），负责制定美国医院质量和流程等管理标准；1953 年出版第 1 版医院评审标准，每 3 年认证一次，全美超过 85% 医院参与认证；1994 年 JCAH 设立 JCI，用于对美国以外的医疗机构进行认证；1997 年发布第 1 版医院评审标准实施国际医疗机构认证，目前已陆续更新为第六版。JCI 认证的核心价值是“系统性、计划性、过程性、持续性的标准化医疗质量与安全管理”。近几年，国内医疗机构掀起 JCI 认证的热潮，一方面，医院管理者希望通过 JCI 评审来提升医疗服务质量和医院管理水平，另一方面也可以体现医院发展的成绩。

（三）德国KTQ质量安全管理标准与KTQ质量认证

2002 年德国推行医院评审认证管理制度，由德国医疗透明管理制度与标准委员会（KTQ）承担医院管理制度和标准的制定、检查和质量认证，每 3 年认证一次。凡是认证通过的医院，保险公司免除其医疗费用支付审查程序。该标准的核心价值是制定一套科学化的医院管理标准与制度并进行认证，关注医疗机构日常运营过程中的流程设计和完善。其主要特征是公开透明，包括患者透明、医师透明、员工透明。德国 2 139 家医院中超过 600 家通过此认证。我国目前参与 KTQ 质量认证的医院不多，截至 2017 年底只有 5 家，代表医院有华中科技大学同济医院。医院参与认证的目的是进一步完善质量与安全体系建设。

（四）英国NICE质量安全管理标准

1999 年英国成立国家临床质量研究所，负责为医疗机构提供医疗服务质量指导；2005 年制定公共健康指南，以提高医疗卫生和社会照护服务质量；2012 年更名为国家卫生与照护卓越研究所（National Institute for Health and Care Excellence，NICE），独立于政府制定医疗卫生和社会照护服务指南和标准以及医疗技术和新药的临床使用标准，为英国国家卫生服务体系提供药物目录决策，为临床医务人员提供诊疗规范循证标准。其核心价值是为全球医疗机构制定并评估各类卫生技术医疗市场准入并为患者提供标准的临床治疗服务，将诊治技术规范、实施监管、绩效考核和支付整合在一起。

（五）澳大利亚ACHS质量安全管理标准

澳大利亚卫生服务标准理事会（Australian Council on Healthcare Standards，ACHS）于 1974 年成立，负责开展医疗机构服务质量和安全认证，通过连续的审议、评估和认证活动来改善医疗服务质量。ACHS 除全面评估患者检查、诊断、治疗、转科、出院、随访期间的医疗服务质量，还包括评估服务连续性、领导力和管理能力、人力资源管理、信息管理、医疗技术管理、环境设施管理等。ACHS 的医院评价指标体系以量化指标为主，包括质量、可及性、生产率、效率 4 个维度 17 个指标。中国香港地区多数医院选用 ACHS 认证体系。

二、我国医院标准化建设及评审

（一）医院标准化建设

解放军总医院 2011 年至 2015 年围绕质量安全问题，连续 5 年“建标、贯标、落标、验标、问效”开展标准化工作，建立了一套具有中国特色的医院质量安全管理标准和常态化运行机制，形成了以向患者提供诊疗服务为核心的《患者服务标准》、以保障医疗运营为核心的《医疗保障标准》和以医疗管理为核心的《医疗管理标准》，并在日常医疗质量安全管理中常态应用。为达到标准化建设的持续发展，医院专门成立了标准化运营科室，以标准的运行监测、修订优化为主要职责运维标准。

（二）中国医院评审评价

我国医院等级评审政策依据起步于1989年11月出台的《关于实施医院分级管理的通知》和《综合医院分级管理标准（试行草案）》，1994年2月《医疗机构管理条例》奠定了法规基础。1998年8月由于在等级评审中出现急功近利、弄虚作假等问题，被《关于医院评审工作的通知》暂停。但出于规范化管理需要，在几个回合的医院管理年活动之后，2008年以来，卫生部医疗服务监管司紧密结合公立医院改革工作重点，探索建立医院评审评价体系。在总结我国第一周期医院评审和医院管理年活动等工作经验的基础上，借鉴美国JCI、日本、中国台湾、中国香港等国家和地区医院评审评价经验，制定印发了《三级综合医院评审标准(2011年版)》，我国第一轮等级医院评审工作重新启动，医院等级评审重点将紧抓“质量”二字，相关评价标准旨在促进医院由规模扩张型向质量效益型转变。

《三级综合医院评审标准实施细则(2011年版)》适用于三级综合性公立医院，其余各级各类医院可参照使用。其中共设置七章，73节，378条标准与检测指标。第一章至第六章共67节，342条，636款标准，用于对三级综合医院实地评审，并作为医院自我评价与改进之用，包含坚持医院公益性、医院服务、患者安全、医疗质量安全管理与持续改进、护理管理与质量持续改进和医院管理。第七章共6节36条监测指标，用于对三级综合医院的医院运行、医疗质量与安全指标的检测与追踪评价。目前国内医院常用评审标准包括等级医院评审、电子病历评审、医院信息互联互通标准化成熟度测评、医院智慧服务分级评估标准体系、中国医院品质价值指数（QVI）、JCI、HIMSS，各标准之间的区别和特点见下表。

表 2 常用评审标准对比

标准	等级医院	电子病历	互联互通	智慧服务	QVI	JCI	HIMSS
发布机构	国家卫生健康委员会	国家卫健委医院管理研究所	国家卫健委统计信息中心	国家卫生健康委员会	海南博鳌医学创新研究院	国际医疗卫生机构认证联合委员会	美国医疗信息与管理系统学会
评审规则	《三级综合医院评审标准实施细则(2011年版)》	《关于印发电子病历水平分级评价管理办法(试行)及评价标准(试行)的通知》	《医院信息互联互通标准化成熟度测评方案(试行)》	《医院智慧服务分级评估标准体系(试行)》	《中国医院品质价值指数(QVI)》	《JC医院评审标准(第六版)》	《HIMSS EMRAM (住院急诊)标准》
评审结果	三级六等	0-8级 共9个等级	7个等级	0-5级共6个等级	卓越、优秀、合格、不合格 四个等级	合格 不合格	0-7级 共8个等级
国家认可度	√	√	√	√	-	-	-
参评建议	★★★★★	★★★★★	★★★★★	★★★★★	★★★★☆	★★★☆☆	★★☆☆☆

（三）医疗质量管理评价和考核

医疗质量直接关系到人民群众的健康权益和对医疗服务的切身感受。持续改进质量，保障医疗安全，是卫生事业改革和发展的重要内容和基础，多年来，在党中央、国务院的坚强领导下，在各级卫生计生行政部门和医疗机构的共同努力下，我国医疗质量和医疗安全水平呈现逐年稳步提升的态势。但是，医疗质量管理工作作为一项长期工作任务，需要从制度层面进一步加强保障和约束，实现全行业的统一管理和战线全覆盖。

1. 医疗质量评价概述

医疗质量评价是以医院或临床科室为单位，对某时期内病人的诊疗情况和医疗效果展开定性或定量评价的活动过程。医疗质量评价分为结构、过程、结果 3 个层次，也将其划分为基础质量、环节质量和终末质量三级。医疗质量评价形式主要有医院自评、行政审查和第三方评价 3 种，评价主体由“医院为主”逐渐转向“以患者为中心”，更侧重于患者的主观感受。我国医疗质量评价始于 20 世纪 70 年代，起步较晚。现行医疗质量评价方法主要有传统医疗统计指标评价法、三级结构质量评价法、质量方针目标评价法、医院分级管理评价法、全面质量管理评价法和顾客满意度评价法 6 种，有学者又提出病例评价法、病种评价法、病种病例综合评价法和 Servqual 评价法几类。

2. 医疗质量评价标准化工作进展

中国医院协会组织开展了医疗质量安全管理标准化工作。2017 年 4 月在国家标准化管理委员会成功注册为团体标准发布组织，注册号为 T/CHAS，并专门成立了医院标准化管理专业委员会，赋予其组织开展标准化理论研究、标准编制、专业培训、学术交流和标准推广应用的工作。T/CHAS 标准以质量安全问题为聚焦点，从医疗服务全过程进行要素规范。医疗质量安全管理标准包括总则、患者服务、医疗保障、医疗管理 4 个部分 62 个分册。目前已完成手术服务、急救绿色通道服务等 9 个分册的编制和发布，计划在“十三五”期间完成全部分册的编制和审定。

《医疗质量管理办法》由国家卫生和计划生育委员会于2016年9月25日发布，

自2016年11月1日起施行，适用于各级卫生计生行政部门以及各级各类医疗机构医疗质量管理工作，旨在通过顶层制度设计，进一步建立完善医疗质量管理长效工作机制，创新医疗质量持续改进方法，充分发挥信息化管理的积极作用，不断提升医疗质量管理的科学化、精细化水平，提高不同地区、不同层级、不同类别医疗机构间医疗服务同质化程度，更好地保障广大人民群众的身体健康和生命安全。

随着《三级综合医院评审标准实施细则（2011版）》出台，医院医疗质量评估无论在检查方式还是评估内容方面逐渐与等级医院评审标准接轨。引入DRG进行医保支付方式改革后，利用DRG分组工具从“能力”“效率”和“医疗安全”三个维度对公立医院进行评价的方式也逐渐为北京、上海等地区采用。《国务院办公厅关于印发深化医药卫生体制改革2019年重点工作任务的通知》（国办发〔2019〕28号）明确了三级公立医院绩效考核作为2019年医改的重点工作之一，三级公立医院绩效考核指标也于2019年1月颁布。在三级公立医院绩效考核整个指标体系中，包含4个一级指标、14个二级指标、55个三级指标（定量50个，定性5个）。其中：医疗质量指标部分，共有4个二级指标、24个三级指标（定量22个，定性2个）、10个国家监测指标；运营效率指标部分，共有4个二级指标、19个三级指标（定量指标17个，定性指标2个）、9个国家监测指标；持续发展指标部分，共有4个二级指标、9个三级指标（定量指标8个，定性指标1个）、4个国家监测指标。满意度评价指标部分，共有2个二级指标、3个三级指标，均为定量指标和国家监测指标（见图4）。

三、医院医保质量管理评价与考核

（一）医院医保质量管理评价内容

医保质量管理评价需要包含参保患者与医保基金安全与质量持续改进的三个环节：Structure 架构，Process 过程，Outcome 结局，通过对三个环节涉及的内容制定标准，建立评价指标体系，有效推进医疗机构和科室医保质量管理工作。

Structure 架构：质量是医院发展的生命线，医院医保管理的重点是对质量的管理，医院医保质量管理的重点是构建良好的质量与安全管理体系，医疗机构通过建立医院医保质量管理组织机构（医保质量管理委员会），明确职责，定期开展工作，落实医保质量管理院、科两级责任制，建立全院参与、覆盖医保服务全过程的质量管理控制体系，健全医保质量管理制度，明确分工，加强医务人员和医保从业人员的培养，有效保障医保质量管理工作。

Process 过程：医保服务过程的管理很重要，医疗机构医保质量过程管理包括：医保服务行为，包括核验患者身份、合理诊疗、合理用药等；医保目录管理及维护；参保人的就医管理；医保知情同意；医疗收费；医疗文书规范等方面。针对上述内容制定相应的质量标准和指标，有效评价质量水平。

Outcome 结果：主要结合医保质量管理过程，在医保费用指标、医保效率指标、医保基金支付指标、患者自费负担、满意度等几个方面建立结果指标。（图 5）

（二）医院医保质量管理评价方法

定点医疗机构信用评定相对医疗质量评价的工作，我国医保质量评价起步较晚，目前各地区医保经办机构均采用协议管理模式，对医保定点医疗机构实行信用等级评定考核和分级管理。定点医疗机构实行分级管理是以定点医疗机构及相关人员执行基本医疗保险政策法规、履行医疗机构服务协议情况为主要

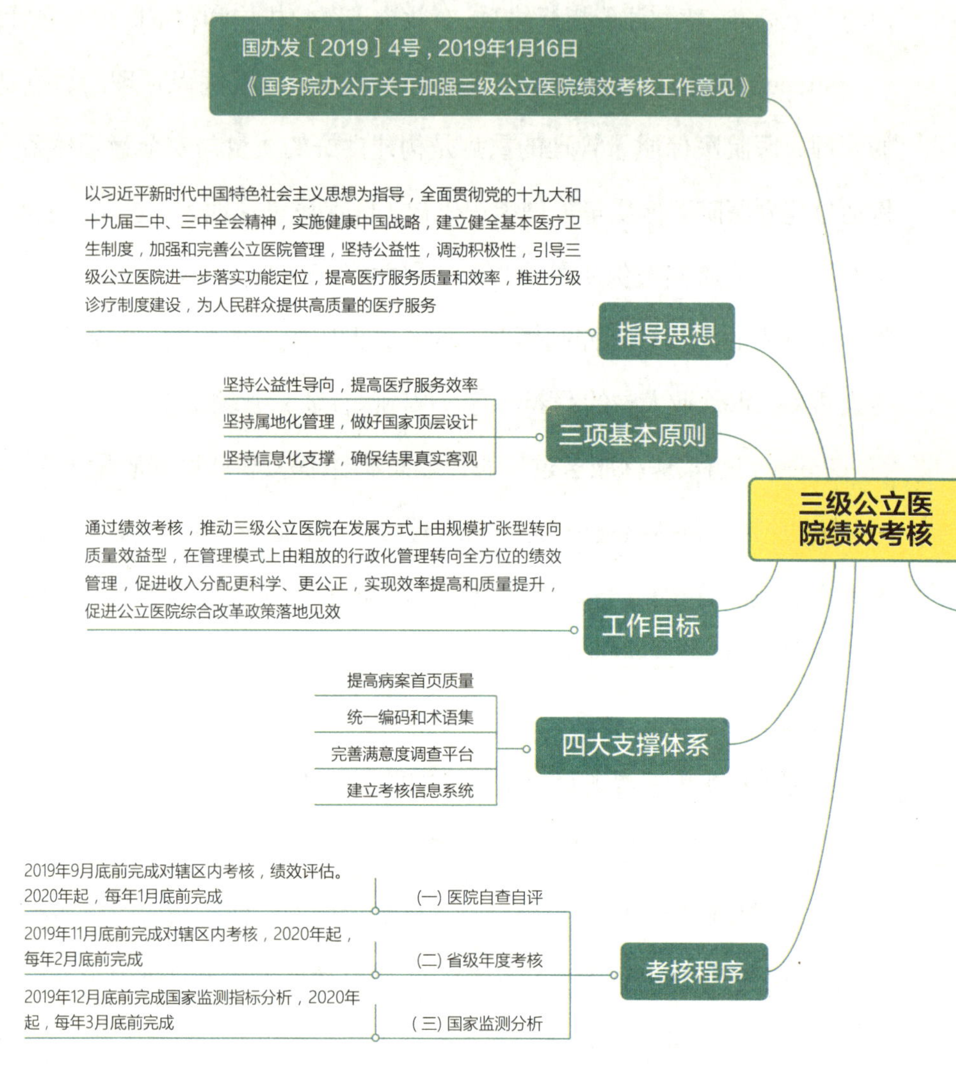

图4　三级公立医院绩效考核指标

- 四大指标体系(55个指标)
  - 医疗质量
    - (一)功能定位
      - 1.门诊人次数与出院人次数比
      - 2.下转患者人次数（门急诊、住院）
      - 3.日间手术占择期手术比例
      - ★ 4.出院患者手术占比
      - ★ 5.出院患者微创手术占比
      - ★ 6.出院患者四级手术比例
      - 7.特需医疗服务占比
    - (二)质量安全
      - ★ 8.手术患者并发症发生率
      - ★ 9.I类切口手术部位感染率
      - ★ 10.单病种质量控制
      - 11.大型医疗设备检查阳性率
      - 12.大型医用设备维修保养及质量控制管理(定性)
      - ★ 13.通过国家室间质量评价的临床检验项目数
      - ★ 14.低风险组病例死亡率
      - 15.优质护理服务病房覆盖率
    - (三)合理用药
      - 16.点评处方占处方总数的比例
      - ★ 17.抗菌药物使用强度(DDDs)
      - 18.门诊患者基本药物处方占比
      - 19.住院患者基本药物使用率
      - 20.基本药物采购品种数占比
      - 21.国家组织药品集中采购中标药品使用比例
    - (四)服务流程
      - 22.门诊患者平均预约诊疗率
      - 23.门诊患者预约后平均等待时间
      - ★ 24.电子病例应用功能水平分级(定性)
  - 运营效率
    - (五)资源效率
      - 25.每名执业医师日均住院工作负担
      - 26.每百张病床药师人数
    - (六)收支结构
      - 27.门诊收入占医疗收入比例
      - 28.门诊收入中来自医保基金的比例
      - 29.住院收入占医疗收入的比例
      - 30.住院收入中来自医保基金的比例
      - ★ 31.医疗服务收入(不含药品、耗材、检查检验收入)占医疗收入比例
      - 32.辅助用药收入占比
      - ★ 33.人员支出占业务支出比重
      - ★ 34.万元收入能耗支出
      - ★ 35.收支结余
      - ★ 36.资产负债率
    - (七)费用控制
      - 37.医疗收入增幅
      - ★ 38.门诊次均费用增幅
      - ★ 39.门诊次均药品费用增幅
      - ★ 40.住院次均费用增幅
      - ★ 41.住院次均药品费用增幅
    - (八)经济管理
      - 42.全面预算管理(定性)
      - 43.规范设立总会计师 (定性)
  - 持续发展
    - (九)人员机构
      - 44.卫生技术人员职称结构
      - ★ 45.麻醉、 儿科、重症、病理、中医医师占比
      - ★ 46.医护比
    - (十)人才培养
      - 47.医院接受其他医院(尤其是对口支援、医联体内医院)进修并返回原单位独立工作人数占比
      - ★ 48.医院住院医师首次参加医师资格考试通过率
      - 49.医院承担培养医学人才的工作成效
    - (十一)学科建设
      - ★ 50.每百名卫生技术人员科研项目经费
      - 51.每百名卫生技术人员科研转化金额
    - (十二)信用建设
      - 52.公共信用综合评价等级 (定性)
  - 满意度评价
    - (十三)患者满意度
      - ★ 53.门诊患者满意度
      - ★ 54.住院患者满意度
    - (十四)医务人员满意度
      - ★ 55.医务人员满意度

★ 国家监测指标26个

定性指标5个

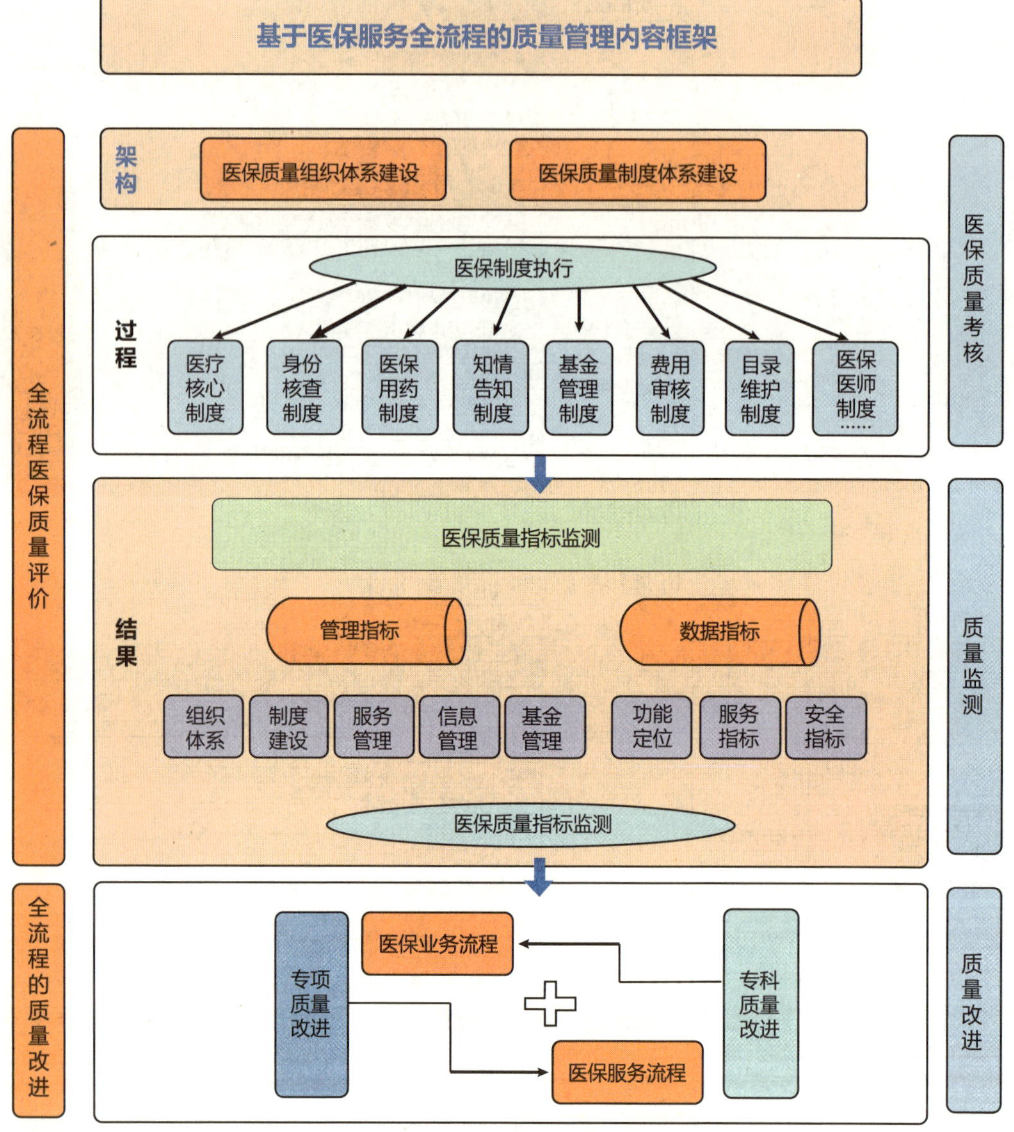

图5　医保服务流程质量管理内容框架

依据，进行考核与评估，并依据相关标准和评定结果，将定点医疗机构评定为四个等级（AAA 级、AA 级、A 级、无等级），并实施相应的管理措施，定点医疗机构信用等级与定点医疗机构保证金预留比例挂钩。以深圳市为例，市社保经办机构将以定点医疗机构及其相关人员遵守社保医疗服务规定和履行《协议书》情况为主要依据，结合定点医疗机构日常开展社会保险医疗服务的工作量、服务量和服务满意度，以及违规查处情况等，对定点医疗机构的信用等级进行综合评定。综合评定总分值（以下简称评定总分值）为 200 分，包括指标考评、现场考评和满意度考评三部分。其中，指标考评部分占评定总分值的 40%，住院次均医保总费用、生育分娩次均医保费用、少儿住院次均医保费用、住门比、社区门诊统筹基金支付率等纳入考评。现场考评部分占评定总分值的 40%，各项管理制度、措施、工作计划落实情况，病历、处方等的检查情况等纳入考评。满意度考评部分占评定总分值的 20%，根据《参保人对深圳市社会保险定点医疗机构医疗服务满意度问卷调查表》进行满意度评分。对于信用等级较高的定点医疗机构，将采取预先拨付医疗保险偿付费用、全额偿付质量挂钩金、适当减少监督检查次数等方式予以奖励。AAA 级定点医疗机构可获得上一个医保年度月平均医保费用的 100% 预先拨付医疗保险偿付费用，全额偿付质量挂钩金，仅需接受专项监督检查，同时发放一次性奖励金；AA 级定点医疗机构可获上一医保年度月平均医保费用的 100% 预先拨付医疗保险偿付费用，全额偿付质量挂钩金，至少每半年接受一次定期检查以及专项检查；A 级定点医疗机构按上一医保年度月平均医保费用的 50% 预先拨付医疗保险偿付费用，偿付质量挂钩金的 80%，至少每季度接受一次定期检查以及专项检查。对于 B 级定点医疗机构，市社保经办机构督促整改，不予预先拨付医疗保险偿付费用，不予偿付质量挂钩金，并加大监督检查力度，每两个月进行一次定期检查。定点医疗机构因违反规定被暂停社会医疗保险定点资格的，自其被暂停社会医疗保险定点资格之日起，按 B 级定点医疗机构管理。在信用等级评定中有严重弄虚作假行为的，在该评定周期内直接定为B级。

示例：满意度考评实施细则

满意度考评按《参保人对深圳市社会保险定点医疗机构服务满意度问卷调查表》进行问卷调查的，由市社保局委托有资质的第三方统一组织实施。具体如下：

第一，问卷调查对象：所有问卷调查的对象必须是我市社会保险参保人。

第二，问卷调查内容：《参保人对深圳市社会保险定点医疗机构服务满意度问卷调查表》。

第三，问卷调查方式：采取现场陌生拜访、面对面访问方式。

第四，问卷调查数量及抽样：三级医院每家问卷180份，二级医院每家问卷150份，一级医院等其他有住院部医院每家问卷100份，门诊部（独立社康）每家问卷50份。

其中，定点医院问卷50%为住院就医参保人，50%为门诊就医参保人。设有社康中心的医院，则50%的门诊问卷中30%为院本部门诊，20%为下属定点社康中心；定点医院下属多家社康中心的，按社康中心总数的20%抽样，抽样数量小于1家的按1家进行问卷调查；如果社康中心就医者较少难以满足问卷数量，可适当减少所占比例，但不得少于5%，所减少比例改为在该院本部门诊就医的参保人。

实际回收的问卷数量达不到该机构计划样本量80%的，则该机构此次问卷调查无效。

第五，问卷调查要求调查时，问卷内容不能漏项目，否则视为无效问卷。问卷完成后由评定委员会安排专人统计汇总。

（三）医院医疗保险质量管理办法及考核

我国医院医疗保险质量管理方面目前还没有专门的管理办法和评估评价标准体系，与医疗质量的衔接还有很大差距。目前，医保质量管理仅限于医保控费、人证相符、防止冒卡就医等操作环节，还没有上升到医保质量管理的概念、内涵、范围、具体要求等制度研究上。这与推动医保高质量发展的要求相差甚远，也是医院医保管理工作的短板。中国医保专委会自 2017 年 6 月开始策划医院医保质量管理办法有关事宜，从 2018 年 5 月开始组织专家进行《全国医院医疗保险质量管理办法》的制定和修订工作，2018 年 10 月底完成初稿，经全国范围医保征求意见已经定稿，目前协会牵头全国各省进行试点，期待用制度、行业规章来进一步提升医保从业人员的服务理念、服务能力，通过优质高效的医保服务来增加广大人民群众对医保的获得感。

医保质量管理考核指标分管理指标和数据指标两部分，管理指标确定了以组织管理、制度建设、服务管理、基金管理、信息管理等 5 大类指标为结构，并且具有层次性的评价指标，包括 5 个一级指标、15 个二级指标和 34 个三级指标。数据指标包括功能定位、安全指标和服务指标三类指标，包括 3 个一级指标、48 个二级指标，均采用客观指标反映医院医保服务和质量安全。

第六节　全面医保质量管理与实施

20 世纪 60 年代初，全面质量管理理论形成，首创者是美国质量管理专家费根鲍姆博士。他指出："全面质量管理是为了能够在最经济的水平上、在充分满足用户要求的条件下，进行市场研究、设计、生产和服务，把质量各部门的研制质量、维护质量和提高质量的活动结合在一起，成为一个有效体系。”

一、全面质量管理的目的

全面医保质量管理是在全面医疗管理的基础上，以医院为整体，通过由医院所有工作人员（包括管理者、医生、护士、医技人员、后勤服务人员等）参加，以数理统计与经济科学方法为基本手段，综合利用各种方法持续改进医疗服务的各个环节质量，对医保质量形成的全过程和各因素均实施质量控制的系统性管理，以满足参保患者和医保政策的要求。

二、全面医保质量控制体系的建立

全面医保质量控制体系至少应由“一个中心、五个维度、四个层次”基础要素立体构成。

（一）一个中心

始终坚持“以病人为中心、以质量为核心”原则，医保与医疗同频共振，加强质量文化建设，树立质量战略意识。

（二）五个维度

医保质量的保证需要一整套精心设计的组织体系及相应的部门职责，明确责任的重要方式就是根据具体分工进行绩效考核。医院应在现有医保质量管理内容架构的基础上，针对科室医保内部管理、医保质量服务指标、医保经济运行指标（工作效率）、社会评价与满意度等 5 个层面，具体由医院主管科室在院领导的统一指挥下进行分工合作。

（三）四个层次

进行医保质量管理按“个人—科室—职能部门—医院医保质量委员会”四个层级。在医保质量管理活动中，各层级主动作为，各司其职，按标准有序落实质量管理的各项内容，开展全方位、多途径、多层面的医保质量改进工作，营造良好质量文化氛围。

三、全面医保质量管理的组织实施

医保质量管理是一项多元的复杂性的系统工程。制约医保质量的因素有很多，而且经常处于动态变化之中；只有在不断调整、巩固、充实、提高的过程中加强全面医保质量管理，医保质量才能越来越好。

（一）全院推动全面医疗质量管理

1. 制订计划

规划全院医保质量发展方向，鼓励支持科研项目，确定科教兴院发展战略，加强专业人员的继续教育培训及医疗安全教育。

2. 实施

健全院、科两级医院医保质量管理网络，成立医院医保质量管理委员会，下设多个职能科室。

3. 检查

执行院长领导下职能科室的医保联合查房制度，建立内部自查机制，量化考核。

4. 处理

制定实施医保质量评价体系，指标体系涵盖对医保服务协议的执行情况、医保服务纠纷等重点内容，对出现的质量问题加以处理和解决。

（二）科室推动全面医疗质量管理

1. 制订计划

成立科室医保质量管理小组，制订质量管理方案，规划科室医保质量发展计划。

2. 实施

临床医技科室在全院医保质量发展方向的指导下，严格执行医疗诊疗常规及医保服务相关规章制度，严格核验参保患者身份，遵循物价收费政策，规范病历书写与提高病历质量。

3. 检查

在科主任、护士长领导下实行医保医师护士综合评价，让每个员工都知道自己在本科室的定位。

4. 处理

建立临床科室、医技科室医保质量反馈制度，临床、医技相互监督，每月把工作中的缺点上报到医院质量管理委员会，综合分析后，制定整改意见。

医院医疗保险质量管理需要与其他管理活动结合起来，如医政管理、运营管理、人力资源管理等，只有将医院各项管理紧密结合在一起，才能实现医院的医保质量目标。通过提供优质的诊疗和医保服务，满足参保人需求，提高医院的行业竞争力，才是医院实现高质量发展的有效途径。

第三章 医院医保质量战略管理

战略：战略原为军事用语。在英文中，“战略”一词源于古希腊语“strategia”,意为“权力”,也有“军队”“指挥”的意思。《辞海》对战略一词的定义是:“战争的方略，泛指重大的、带全局性或决定全局的谋划。”在管理学中，战略是组织如何在其所从事的行业领域和市场中实现卓越绩效的理论。

战略管理：战略管理是一个让组织和机构内部资源和能力去适应它的内外部环境的过程；是对组织一定时期的全局、长远的发展方向和目标的谋划，以及相应工作任务和政策的设计；是为资源调配做出的决策和管理艺术，以及在战略实施过程中进行控制的一个动态的管理过程。

第一节 医保战略管理是新时代的要求

战略是对历史的总结、当前的把握、未来的选择。战略是人类经过重大抉择的千锤百炼所造就的思想、理论与实践的结合，是人类智慧的象征。在每一个历史阶段的起点上，国家、民族乃至个人都面对着多种可能的选择，决定这种选择的就是战略。人类历史不是一条平缓的直线，而是由于战略选择正确与否而形成上升和下降的波浪式曲线。在关键时刻，战略选择得当，就会事半功倍，取得战略优势；一旦错过良机或战略失当，则会事倍功半，乃至铸成千古遗恨。

一、为什么要制定医保战略

随着我国新医改政策的实施和医疗环境的变化，医疗行业的竞争日益加剧。不管是公立医院还是非公立医院，在全民医保大趋势下，都面临着如何在激烈的医保市场中生存与发展的严峻问题。一个医院要保持持续的竞争优势，必须制定出符合外部环境和内部情况的医保发展战略，这是院长面对的首要问题。通过制定医保战略来管埋医院，这是医院院长的一种领导艺术和管理意境。制定了医保战略，院长在医保管理过程中才能思路清晰、目标明确、依靠核心资源、紧扣管理主线、抓住杆杠支点、系统有序地推进各项工作，使医保管理质量更高、更有效。明确了医保的发展战略，医院员工才能做到目标一致，思想一致，行为一致，步调一致，减少内耗，降低运营成本，提高运营效果。

二、怎样制定医保战略

一项事业的成功往往是战略决策的成功。制定医院医保战略也是战略决策的过程，战略就是方向，定位就是取舍，决策就是谋断。

所谓决策，就是解决某一问题达到一定目标，根据过去的情况、当时的条件和以后的变化，经过认真调查分析，对可能会出现的种种结果提出假设、做出预测，经过必要的论证，设计多种方案，为实现这一目标，从多种方案中选出最佳方案，并付诸实施和进行修正完善的过程。

在医保战略制定中，需要充分考虑医院所处的环境、发展的条件、优势的资源、实事求是地从自身特点和发展方向来制定医保战略，使战略决策具有科学性、前瞻性、目标性、可操作性。

第一，做好调查研究。注重调查研究是新时代、新形势、新任务对医保高质量发展提出的必然要求。调查研究是我们的决策之基、成事之道。它不仅是一个工作方法、工作作风问题，更是关于医保高质量发展的成败问题。只有深入进行调查研究，拿出解决问题的办法，制定出有针对性的措施，才能做到知己知彼，趋利避害。只有这样医保高质量发展才能做到与时俱进，并在实践中不断完善。

第二，发现问题，分析问题。所谓问题，从决策的观点来说，就是期望达到目标和现实状态之间的差距，或者说现实情形和理想之间的矛盾。发现问题的方法主要有三个：一是把现实情况与期望目标相比较；二是把本单位情况与国家医保政策要求相比较；三是把表面现象和潜在因素相比较。把这三种方法并举使用，就易于有效地发现问题。发现了问题并非就能做出决策，还必须经过分析问题这个环节。分析问题就是揭示产生问题的根源。只有抓住产生问题的原因，找到问题的主要关键点，才能有的放矢、对症下药，从而有针对性地确定决策目标。

第三，调查预测，心中有数。调查预测是制定医保战略的前提，这个环节把握得如何，直接关系到所制定战略优劣，乃至整个决策的科学与否。进行预测研究，对准备制定的医保战略进行可行性研判，既考虑需要，又考虑可能；既考虑有利条件和正效应，又考虑不利因素和负效应。这样，才能为制定切合实际、行之有效的医保战略奠定坚实的基础。

第四，制定战略方案的程序，第一步先制定框架性战略方案，具体做法是，先从已知条件中做出初步的战略方案，然后从多方面寻找未知的条件，先考虑容易控制、有把握实施的内容，再考虑缺乏实施条件、难以控制的内容。第二步再制定执行战略方案。执行战略方案称战略实施方案，至少要包括：构成战略方案的各个要素、相关因素分析、实施战略方案所需要的条件、对可能产生的结果和对策、评估评价等方面内容。

三、如何实施医保战略

制定了正确的医保战略，接下来就是实施医保战略，从某种意义上来说，战略的实施比战略的制定更加重要，也更能考验领导者的管理能力和水平。再好的战略如果实施不好，也会成为镜中花、水中月。

战略执行体系是一套将战略目标转化为组织内部各层级的具体工作任务，并通过绩效考核来实施监控和激励的系统管理方法。战略执行体系要发挥作用，以下几点非常重要：

① 良好的执行力。好的执行力来源于好的制度，进一步来源于优秀的医院文化。要想拥有持续的、稳定的执行力，必须重视医保的制度建设与文化建设。

② 员工的素质与能力。要提高员工的素质和能力，一靠不断地培训，二靠医保文化的浸染和熏陶，三靠医保制度的约束。

③ 让广大员工参与医保战略的制定，了解战略的内涵和意义，自觉将自己的工作融入到战略的执行当中去。如果员工对医保的战略一无所知,只是机械地、被动地工作,则工作的效果可想而知。因为人们通常更愿意执行属于自己的战略,而不是被认为是他人的战略。

四、战略执行的五大关键步骤

（一）目标分解

将战略规划按时间、责任人层层分解。为了成功实施战略，必须将长远的战略目标转化成短期经营目标，比如制定中长期发展目标和年度发展目标。制定年度发展目标时，要对医院的人力资源、资金资源、设备资源、设施资源、患者资源、品牌资源、政府资源进行盘点，然后确定实现年度发展目标所需的资源差距。如果医保所需的资源差距通过努力可以消除，那么医保年度发展目标可以确立。如果医保所需的资源差距通过努力不能消除，甚至把潜力发挥到极致仍不能消除，则制定的年度发展目标可能不太现实，需要进行调整。需要强调的是，制定的各项年度发展目标必须是具体的、明确的，而不是模糊的、空洞的。

（二）责任锁定

定位角色，明确责任人。责任人对各阶段的任务和任务执行人员负有动员、组织、实施、监督、协调、奖惩等责任和权力。责任人的责任和权力必须对等，承担多大的责任就要有多大的权力。责任人没有足够的权力，他就无法承担起这个责任。责任人的正确选定对于战略的实施至关重要，只有选定了合适的责任人，战略实施才能取得预期效果。

（三）行动方案

将每一个目标和任务转化成具体的行动方案。这个方案要具体到每个员工的工作任务，要让每个员工清楚地知道自己该做什么，该怎么做，该达到什么标准，该多长时间完成。任何伟大的战略都必须转化成每个人的具体行动，这个战略才具有可行性。如果一个战略没有具体的行动方案，这个战略是无法实施的。

（四）业绩跟踪

医保战略在执行过程中，需要对每个阶段的任务指标和行动方案进行跟踪检查，了解方案的执行落实情况和任务指标的完成情况。如果发现任务指标没有达到预期，要及时分析主客观双方面的原因，采取对策。有些行动方案需要在实践中根据情况的不断变化进行调整和优化，使其具有可操作性，这样才能达到预期目标。

（五）结果考核

要建立完善的结果考核体系和激励方案，定期对各个阶段的目标任务和指标进行考核评估，将考评结果与激励挂钩。需要强调的是，制定一个合理的激励方案是完成战略的重要保证，好的激励方案能充分调动员工的积极性和创造性，弥补行动方案的缺陷，使不可能变为可能。坏的激励方案会抑制员工的积极性和创造性，放大行动方案的缺陷，使可能变成不可能。

第二节 医保战略管理的主要内容

医保战略管理的含义是：医保战略管理就是运用战略对医保进行的总体性

管理，是指医院院长和管理者根据国家医疗保障事业的发展总体目标，在对内外环境进行分析的基础上，确定医院医保的发展方向和目标，并组织各种资源实现医保目标的规划和行动过程，使医院医保管理能长期、稳定、可持续健康发展。

一、战略管理的重要作用

（一）战略管理有助于医保明确发展方向

战略管理是高层次、规范化管理手段。它从高层管理者的角度，以医保为研究对象，将医保投入到社会的大环境中进行研究，为医保的长远发展确定宗旨、明确方向、分配资源。它可以使医院在激烈的竞争中主动设计并改变自己的行动，从而使其可以积极地把握自己的未来，而不仅仅是被动地应付环境变化。

（二）战略管理有助于提升医保的核心竞争力

战略管理具有全局性和长远性，它以高层管理者为主体，并涉及大量资源的调配与使用。有利于医保调动整体的资源条件来关注核心的业务流程，并对其整体能力加以培育。同时，战略管理是一个动态的过程，这种动态过程有利于医保综合实力的提高，能帮助医保服务为适应市场和其他环境条件的变化及时选择新的起点。此外，战略管理将长远目标和近期行动结合起来，能够将医保的战略目标与日常管理工作协调起来，从而使有效资源集中在医保关键能力的培育上。

（三）战略管理有助于推动医保的绩效改进

战略管理是一个有成效的管理体系的基础。同时，战略管理可以振奋士气，使其对目前的战略充满信心，或是提出措施以改正组织目前战略中存在的问题，推动医保提升管理效能，提高工作效率，改进工作作风。

医保战略管理的目的是使医保能够适应、利用甚至影响环境的变化。医保管理者应该随时监视和扫描内外部环境的变化，找出内部环境中的优势和劣势，以及外部环境中的机会和威胁，厘清它们之间的关系，据此提出战略规划以强调机会和实力，清除或减少威胁和劣势的影响，从而在竞争中取得优势。

二、医保战略规划管理的特征

（一）全局性

医保的战略规划管理是以国家的全局为对象，根据国家总体发展的需要而制定的。它所管理的是国家的总体活动，所追求的是国家的总体效果。虽然这种管理也包括医保的局部活动，但是这些局部活动是作为总体活动的有机组成部分。战略管理通过制定医保的使命、目标和战略来协调医保各项制度自身的表现，促进发展目标的实现。这样也就使战略管理具有综合性和系统性的特点。

（二）长远性

医保的战略规划管理既是医院谋取长远发展要求的反映，又是组织对未来较长时期（五年以上）内如何生存和发展的通盘筹划。虽然它的制定要以医保外部环境和内部条件的当前情况为出发点，并且对组织当前的医保管理工作有指导、限制作用，但是，这一切也都是为了更长远的发展，是长远发展的起步。

（三）可行性

医保战略规划是医院发展的行动纲领，因此医保的战略规划必须符合医保的发展阶段、服务特点，适应医保发展的内外部环境；战略规划的目标必须切合实际，且有可落实的指标；战略规划的举措、项目必须具有良好的科学性、合理性、可行性。

（四）稳定性

由于医保战略规划规定了医保的发展目标，具有长远性，所以战略中所确定的战略目标、战略方针、战略重点、战略步骤等应保持相对稳定，不应该朝令夕改。只有在处理具体问题而不影响全局的情况下，可以有一定的灵活性。

（五）风险性

战略规划管理为医保的发展明确了方向，便于组织齐心协力建设发展和推进改革。但是战略规划是对医保长期发展的统筹，由于战略的长期性和稳定性，会使医保对战略形成路径依赖，当外界发生变化时，医保在原有的惯性下发展，可能会偏离正确的轨道。

（六）系统性

战略规划管理是一项系统工程，涉及医保发展的方方面面，是一项连续性的工作。战略管理包括三个阶段，即战略设计、战略实施和战略评估。三个阶段相辅相成融为一体，战略设计是战略实施的基础，战略实施又是战略评估的依据，而战略评估反过来又为战略设计和实施提供经验和教训。

三、制定医保发展战略的原则

（一）先进性原则

医保实施战略管理是为了实现医保的生存和发展。医保发展战略的制定要体现时代要求和发展趋势，要突出前瞻性，要代表医保的发展方向和未来的发展水平。因此医保的发展战略无论是在其内容还是编制程序、过程管理等方面都要体现先进性。

（二）适应环境原则

医保战略管理的制定和实施应注重医保与其所处的外部环境的互动关系。

医保应该随时监视和扫描内外部环境的振荡变化，找出内部环境中的优势和劣势以及外部环境中的机会和威胁，厘清它们之间的关系，据此提出战略计划以强调机会和实力，清除或减少威胁和劣势的影响。

（三）全过程管理原则

医保战略管理要取得成功必须将医保战略的制定、实施、检查完善看成一个完整的过程来加以管理，以充分提高这一过程的有效性和效率，忽视其中任何一个阶段都不能获得有效的战略管理。战略管理也需要实践来检验，如果没有实事求是的检查和评价就不可能发现战略管理中的问题，只有坚持全过程管理、全过程监控，不断调整完善，才能保证战略目标的有效实现。

（四）整体最优原则

成功的医保战略管理是将医保视为一个不可分割的整体来加以管理，其目的是提高医保整体的管理效能、运行效率，实现社会效益和经济效益相统一。医保战略规划管理通过制定医保的制度、目标、重点和策略来协调各部门、各单位的活动，使之形成合力。

（五）全员参与原则

医保战略管理不仅要求医保高层管理者的决策，而且也需要全体医保人员的参与和支持。在战略制定阶段，需要全员达成共识，形成共同愿景，在战略实施阶段，战略目标的实现更是在相当大程度上取决于全体医保人员的理解、支持和投入，因此，在战略管理全过程都要注重全体员工的广泛参与。

（六）反馈修正原则

医保战略管理关注的是医保长期健康发展，医保战略规划的时间跨度一般较长，其实施通常包括一系列中短期行动计划、年度计划、阶段计划，但医保战略实施过程不可能一帆风顺，政治、经济、社会环境的变化往往会对医保的战略部署产生影响。因此，只有不断地跟踪反馈才能确保医保战略的适应性。战略规划执行过程中要定期对规划的实施情况进行严格审查，并总结经验、教训，适时进行必要的调整，在此基础上，建立战略规划滚动式管理，持之以恒，确保医保战略意图的达成。

（七）统一性原则

医保战略管理是一个系统工程。战略规划管理的各项原则不是独立存在，而是相互统一的，不可顾此失彼。但是在现实中确实存在对某些方面偏激和重视不够的问题，这就需要用系统思维的方法，从全局的角度统筹兼顾，推动医保事业健康、协调、可持续发展。

四、战略思维管理

战略思维是战略管理的核心，战略思维体现的是管理者对环境的预测和把控能力，并通过管理行为加以实践，从而就形成了战略管理。

与传统的思维相比，战略性思维更加强调敏锐、系统和严密的逻辑推理。但是，仅仅有战略思维并不代表一定能够在竞争中赢得胜利。思维毕竟只是一种思考方式，要得到表现为决策的结果，还要依赖思维对信息的加工以及对未知信息的预判——非确定性条件下的战略管理。借助于思维工具的运用，更多的人能够用一种相同的模式对环境和竞争对手进行结构性的思考，但并不表明这就是一种正确的思考方式，因为最后形成的结论的形式仍然受到一定人为个性的影响，而这种影响本身又具有蝴蝶效应，所以做出的决策仍然是千差万别的。实际上，战略管理应该由更多具有战略思维的人来实施才能够取得相应的效果。否则，就会出现战略与执行能力的偏差，但这有时并不是执行人本身的执行问题。

进入新的历史时期，作为一名合格的医保管理者，必须用战略思维的眼光审视国际国内形势，把握时代脉搏，确定开放的、系统的战略思维意识，在大开放、大变革的时代背景下，登高望远，驾驭全局。这就要求我们必须注重培育战略思维，这也是提升谋事能力的一个重要方面。

第三节 医保战略的管理过程

医保战略管理过程是医保通过系统分析、发展定位和战略选择以达到卓越绩效并实现高质量医保目标的系列过程。医保战略的制定和实施，本身就是一种不断互相调整、不断完善的过程，甚至可以说是一个不断从错误中学习调整的过程。正如企业战略权威明茨伯格（Minzberg）所言："战略是塑造出来的，而不是制定出来的。"医保管理者在定夺战略的时候，往往是在对未知的将来做出判断。在竞争不断升级的信息时代，顺势而为，随机应变，是战略管理过程的重中之重。

一、环境分析与提出愿景

（一）环境分析

环境分析是指对医保战略的外部环境和内部自身能力进行分析，包括研究宏观外部环境的一般环境分析，研究中观外部环境的竞争环境分析以及研究微观环境的医保战略内部环境分析。环境分析的结果，使医保战略能够发现外部环境中存在的机遇和威胁、医保战略内部环境的优势和劣势。这一结果将帮助医保战略明确发展定位。医保战略环境分析的重点包括对政治环境、经济环境、法律环境、社会环境和竞争环境的分析。

1. 政治环境

政治环境主要包括政治制度、方针政策、政治团体、政治形势等，其影响具有直接性、难以预测性、不可逆转性等特点。因此，医保战略管理要密切关注政治动态，具有高度的政治敏锐性，及时掌握国家有关方针政策的调整和变化。

2. 经济环境

经济结构、经济发展水平、经济体制和经济政策直接制约和影响着医保战略管理的经济发展。医保战略管理既要注意外部经济环境，也要注重内部经济环境，把握经济发展趋势，制定适合自己发展的战略。

3. 法律环境

主要包括国家法律、法规、规章和制度，国家司法、执法机构及人们的法律意识等。医保战略的制定必须考虑法律环境，做到知法、懂法、研法、用法。

4. 社会环境

公共卫生事业正经受重大的挑战，一些突发公共卫生事件的发生（如SARS、禽流感、2020 年新冠肺炎疫情等），以及与城市工作压力和生活方式相关的健康问题。

5. 竞争环境

主要指新进入者的威胁、现有医保服务质量的竞争、替代品的威胁、供应商的威胁、来自患者的压力等。患者健康的需求就是市场的需求，以健康中国为中心，是医保制定战略的出发点和根本归宿。

（二）提出愿景

愿景是医保战略对未来发展的共同期许。医保战略愿景的提出要有影响力、感召力，要体现医保战略的核心价值和核心文化，在行业内形成共同的信念和支撑医保高质量发展的强大力量。

二、目标体系与战略制定

（一）目标体系

医保战略目标是医保战略构成的基本内容，它是在医保战略期内欲达到的一个结果，为医保指明了未来的发展方向。战略目标是医保战略的前提和关键，是战略计划的核心内容，是制定和选择战略策略的判断标准。

战略目标从不同侧面反映了医保的自我定位和发展框架。从总体来看，医保的战略目标内容包括以下几个方面。

1. 服务保障目标

医保的任务为满足人民的健康需求，提供高质量医保服务。以高质量的医保服务增强参保人群的医保获得感、幸福感和安全感。

2. 社会目标

包括公共关系目标和社会责任目标。公共关系目标通过患者满意度和社会知名度作为保证和支持性目标。社会责任目标强调医保应承担和解决部分的社会问题。

3. 创新目标

一是制定资源创新目标，即对医保资源配置方式的改变与创新；二是技术创新目标，即信息技术和大数据技术的创新；三是管理创新目标，即管理者思路、风格、手段和模式的创新。

（二）战略制定

制定战略目标是医保实施战略时所预期的成果，包括制定医保的发展规模、人力资源发展、医保服务发展、医学教育与科研发展、学科建设和医保文化等。

然后根据目标制定战略方案，应尽可能多地列出可供选择的战略方案，根据一定的标准对它们进行评估，确定一个有助于实现战略目标的方案。

三、战略实施与战略控制

（一）战略实施

将组织制定的战略加以应用，称为战略实施。战略实施中，要求医保的管理者正确地处理实施新战略时医保中出现的变化，同时，要求管理者必须拥有较高的管理技能。

（二）战略控制

战略控制是一种典型的组织控制行为，对战略实施的结果进行监测与评估。战略控制要求管理者必须懂得如何应用医保的信息管理系统和管理工具。组织内部的战略管理过程完全取决于它所依赖的信息的准确性。

四、规划调整与效果评估

（一）规划调整

战略规划管理具有刚性，医保战略规划不应随意调整。但当医保战略的发展环境面临重大变化，或医保战略在发展过程中发现原有规划的部分目标、内容或举措不再适应需要时，应严格按照规定程序，进行规划调整。

（二）效果评估

规划实施的效果评估包括中期评估和期末评估。中期评估是在规划实施中期对实施进展进行评估，期末评估是在规划期末对总体实施效果进行全面评估。规划评估的重点是目标的实现情况、举措的落实情况、重点项目的推进情况，以及存在问题分析和改进措施等。医保战略实施效果评估的重点包括：医保战略规划的先进性可行性评估，医保战略规划的策略评估，医保战略规划的成效评估。

第四节 实施战略管理的误区

一、忽视战略研究，追逐短期利益

有些领导对医保战略整体布局和未来的发展方向不去研究或研究甚少，只研究如何运用现有资源做好眼前的工作，所谓“只顾埋头拉车，从不抬头看路”就是这种现象。作为院长，既要重视技术运用，更要重视医保战略。比如医保战略将医院定位为集医疗、医保、教学和科研于一体的医院，那院长就要从宏观上协调好医疗、医保、教学和科研的关系，合理分配资源，不能只抓医疗而忽视医保质量管理。当然，也不能平分资源，不分轻重，应该牢牢抓住主要矛盾，突出重点。对大多数医院而言，医疗就是医院的重点，是医院赖以生存的根本，丢掉了这个根本，就丢掉了医保服务质量的基础。有些领导不考虑医院的长远发展，却追求医院的短期利益。比如有些医院不顾当地落后的经济状况，经常开大处方、大检查，大搞经济效益而忽视了社会效益，医院短期内的经济效益改善了，但发展后劲不足，缺乏可持续性。

二、脱离外部环境，自我认识不足

有些医院制定战略时，对客观环境认识不足，制定出来的战略目标不切实际，员工不认可，驱动力不足。科学的战略目标必须能够分解成一个一个阶段性的目标，这个阶段性的目标应该是广大员工挖掘潜力后可以达到的目标，如果员工的潜力发挥到极致仍不能达到目标，则员工会泄气，进而懈怠和消极应付，最后战略目标无法实现。有些领导过高估计自己医院的实力和潜力，制定的战略目标本来要分三步走的把它变成两步走，要分三个阶段的把它变成两个阶段，这样做的结果是员工不堪重负，怨声载道，积极性受损，矛盾丛生，最后无法达到目标。

三、孤立看待战略，丧失核心能力

任何战略不去实施都是一句空话，要实施战略，就要制定互相配套的行动方案。不同部门之间都要有各自的行动方案，这些方案应该是相辅相成，互相配合和互相促进的，而不是互相矛盾，互相掣肘的。真正拥有核心竞争力的企业很少，同样，真正拥有核心竞争力的医院也不多。一个医院要想在激烈的市场竞争中长盛不衰，必须努力培育和保持自己的核心竞争力。医院的核心竞争力可以是技术，也可以是管理，还可以是文化，无论是哪一方面，要将其培育成为核心竞争力都需要很长的时间。因此在医保资源有限的情况下，应该把有限的资源重点投放在培育医院的核心竞争力上面，牢牢抓住这个核心不动摇。

四、战略实施僵化，创新脱离市场

战略的制定离不开对客观环境的分析，战略实施方案的制定，更离不开对客观环境的分析。每一个阶段每一个部门的战略实施方案都要紧扣客观实际才具有可行性。客观情况变化了，实施方案就要及时调整，否则实施方案就无法落实。战略的制定更不能脱离实际情况，脱离实际情况的战略是无法实现的。战略创新也不能脱离市场，否则创新的战略不具有可行性。比如一个医院想建成专治某类疾病的专科医院，但这类疾病在该地区的发病率很低，那这样的战略就难以让医院有大的发展。

战略思维对领导干部的实际工作具有十分重要的现实意义。成功的领导方法包括了很多种，但是最高端的就应当说是战略思维。战略思维可以说是对社会发展的远程设计和系统规划，目的在于追求长远发展和整体的利益。一个国家、一个政党的成功也应该是成功在战略上，而最大的失败也必然是对战略选择、战略决断把握的偏差。所以说，战略思维能力就是领导干部做好各项工作的必然要求，也是降低决策风险、减少决策失误的迫切要求。因此，战略思维就成为了领导干部必须具备的一种思维能力。

第四章　统计过程控制和控制图

统计过程控制（Statistical Process Control，SPC）是应用统计技术对过程中的各个阶段进行评估和监测，建立并保持过程处于可接受的稳定水平，从而保证产品与服务符合规定要求的一种质量管理技术。SPC 强调全过程以预防为主的原则，从内容上来说有两个方面：一是利用控制图分析过程的稳定性，对过程存在的异常因素进行预警；二是通过计算过程能力指数分析稳定的过程能力满足技术要求的程度，并对过程质量进行评价。

在实施过程管理中，控制图是质量控制的行之有效的手段，是 SPC 的核心工具，是用于分析和判断工序是否处于稳定状态所使用的带有控制界限的图。人们对控制图的评价是："质量管理始于控制图，亦终于控制图。"控制图为评定产品质量提供依据。

第一节　统计过程控制的概念

统计过程控制（SPC）是建立和运行质量管理体系的主要内容，适用于工业工程、服务业等一切过程性的领域。SPC 是应用统计分析方法来监控生产或服务过程，建立并保持过程处于稳态，从而使产品或服务的质量达到规定的质量管理方法。建立工序质量控制要点和确定合适的控制方法是统计过程控制的重要内容。

一、统计过程控制的基本概念

SPC 就是应用统计技术对过程中的各个阶段进行监控，从而达到改进与保证质量的目的。SPC 在应用统计分析技术对生产过程进行监控时，能科学区分出生产过程中产品质量的随机波动和异常波动，从而对生产过程的异常趋势提出预警，以便及时采取措施，消除异常，恢复过程的稳定，从而达到提高和控制质量的目的。

SPC 就是要控制异常因素，保持过程中只有正常因素起作用，使过程处于稳定受控状态。为了实现过程控制，必须采用科学的质量控制方法，如统计技术中的分布状态、控制图，来捕捉过程中的异常先兆，并结合专业技术消除异常的质量波动。

二、统计过程控制的基本思想

SPC 的理论基础是数理统计和概率论，产品质量也是有规律可循的。在整个过程控制体系中，影响产品质量的因素有人员（Man）、机器（Machine）、材料（Material）、方法（Method）、测量（Measure）和环境（Environment），简称5M1E。5M1E 就构成过程的要素，其中任何因素的变化都会导致产品或服务的变化，即形成不同的品质，它们是质量波动的根源。5M1E 是质量分析和过程控制的对象。

SPC 的核心思想是预防，强调全员参加，人人有责，采用科学的方法来达到目的。预防作用主要体现在三个方面：一是预测过程可能出现的情况，并提供早期报警的功能，以便操作人员及时采取措施，以改进产品质量或服务质量；二是在一定程度上可以替代验证检测的工作，减少了产品质量或服务质量对常规检验的依赖性；三是对过程达到的质量标准做出可信的评估，以便采取相应的措施，以达到保证产品质量或服务质量的目的。

三、统计过程控制的特点

经过 90 多年在全世界范围的实践与应用，特别是随着计算机技术的飞速发展，与计算机应用及网络技术的结合越来越紧密，SPC 的分析功能越来越强大，辅助决策作用越来越明显，全面质量管理思想越来越突出，在各行业的应用范围、程度也更加广泛、紧密和深入。它的特点可总结如下。

（一）SPC强调科学统计观点，用统计技术来保证产品的质量

应用数理统计方法分析和总结产品质量规律的观点是现代质量管理的基本观点之一。产品质量或过程质量特性值是波动的，由于 5M1E 质量因素是不断变化的，受质量因素影响，其质量特性值也不会完全一样，它们或多或少存在差异。产品质量特性值的波动具有统计规律性，常用的分布主要有正态分布、二项分布、泊松分布等，通过质量特性值服从的统计分布特征来保证和提高产品的质量。

（二）SPC强调全系统、全过程，全员参与、人人有责的管理路径

强调从整个过程、整个体系出发来解决问题。在正常生产过程中，一旦发现异常因素，则要尽快找出问题原因，并采取有效措施纠正异常因素，进而减少和降低异常因素对产品质量和过程的影响，稳定状态是过程控制追求的目标。发挥质量管理人员、技术人员、现场操作人员的共同作用，全员参与，将人人有责贯穿整个过程控制。

（三）SPC强调预防为主的原则

SPC 是在生产过程的各个阶段对产品质量或过程质量进行监控与评估，因而是一种预防性的方法，要求在质量形成的整个过程中，尽量少出或不出不合格产品，为维持这种能力，则应尽早发现异常因素，查明原因，采取措施，使这种保证质量的能力继续稳定下来，保持下去，做到防患于未然，真正实现“预防为主”的原则，在生产过程中保证产品的质量。

四、质量数据的基本概念

质量数据是指某质量指标的质量特性值，在质量控制过程中，将检测和分析得到的质量特性值用数字记录下来，简称质量数据。在质量数据统计分析中，从样本到总体的问题，即统计推断问题。

质量数据是指由个体产品质量特性值组成的样本（总体）的质量数据集，在统计上称为变量；个体产品质量特性值称变量值。根据质量数据的特点，可以将其分为计量值数据和计数值数据。

（一）计量值数据

计量值数据是指可以连续取值的数据，属于连续型变量。其特点：一是一

般有计量单位；二是用平均数指标描述。用于描述某一指标连续性变化的状态，它是通常可以用仪器测量的连续性数据，如身高、体重、血压、脉搏、血细胞计数等。

（二）计数值数据

计数值数据是指不能连续取值的，只能用自然数表示的数据，属于离散型变量。其特点：一是无计量单位；二是用相对数指标描述。计数值数据是指具有离散分布性的数据，如性别、阴性、阳性、职业属性等。

五、质量数据的统计特征值

应用统计过程质量控制，其基本做法就是用有限的样本去分析推断总体的特征。过程的质量特性值是不断波动的，当搜集到的数据足够多时，就会发现一个现象，即所有数据都在一定范围内分散在一个中心值周围，越靠近中心值，数据越多；越偏离中心值，数据越少，这意味着数据的分散是有规律的，表现为数据的集中性。数据的分散性和集中性统称为数据的“统计规律性”。质量数据的集中趋势和离散程度反映了总体质量变化的内在规律性。

（一）质量数据的位置特征值

在分析质量数据的分布状态时，描述数据分布集中趋势主要有算术均数、中位数等。

1. 算术均数 (Mean)

算术均数简称均数，在数值上等于一组同质观察值总和与观察个数之商。均数适用于对称分布，尤其是正态分布资料，可以描述一组定量数据在数量上的平均水平。

2. 中位数 (Median)

中位数是特殊的平均数，它的特殊性主要依赖于观察值的位置所在。一组原始数据从小到大（或从大到小）顺序排列，位次居中的观察值即为中位数，用中位数可以表示数据的总体平均水平。

（二）数据的离散特征数

数据的分散程度在质量管理中就是质量特性值的波动性，反映过程能力。在分析数据的分布状态时，常被用于表示数据分布的离散程度的特征数，主要有极差、标准差等。

1. 极差

极差又称全距 (Range)，是所有测定质量数据中的最大值与最小值的差值。极差表明了观察值变动范围和幅度，仅用于小样本。极差大，说明观察值的离散趋势程度大；极差小，说明观察值的离散趋势程度小。

2. 标准差 (Standard Deviation, SD)

标准差就是方差的开平方取其正值 , 标准差通常是相对于样本数据的平均值而定的 , 表示样本某个观察值相距平均值有多远。标准差易受到极值的影响，标准差越小，表明数据越聚集；标准差越大，表明数据越离散。

第二节　控制图的基本原理

控制图（Control Chart）又叫管理图，由沃尔特 · 休哈特于 1924 年在贝尔特实验室首次提出的，并受到戴明的强烈推荐。控制图是用于分析和判断工序是否处于稳定状态所使用的并带有控制界限的图形，它是预报工序中存在影响工序质量异常原因的一种有效工具。

一、控制图的基本概念

控制图是为监测过程、控制和减少过程变异，将样本统计量值序列以特定顺序描点绘出的图。世界上第一张控制图是美国休哈特在1924年5月16日提出的不合格品率（p）控制图。典型的控制图包含中心线（Central Line，CL）和位于中心线两侧的控制线（Control Lines）（见图1）。中心线用实线绘制，反映统计量预期变化的中心水平；控制线用虚线绘制，用于确定特性的预期稳定程度的统计值。控制线分上控制限（Upper Control Limit，UCL）和下控制限（Lower Control Limit，LCL），并有按时间顺序抽取的样本统计量数值的描点序列，各数据点之间用直线段相连，以便看出点与点之间的变化趋势，两条控制线是互相平行的，它们用于判断过程是否处于受控状态。如果过程受控，则统计量会随机落在两条控制线所确定的区域内。如果控制图中数据点位于两条控制线外，则表明过程可能"失控"。当控制图显示一个"失控"信号，表明可能有特殊原因导致了过程变异，需要对过程采取必要的措施予以纠正。

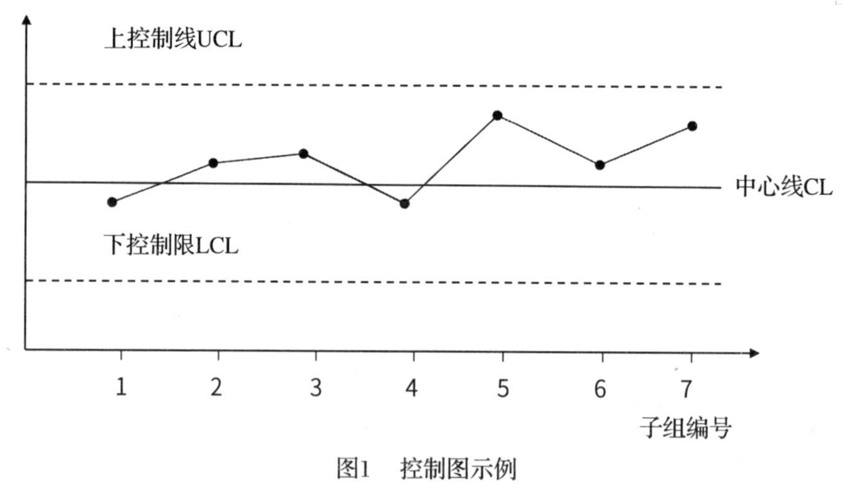

图1　控制图示例

二、控制图的基本原理

（1）正态性假设。控制图是假设过程处于受控状态时，总体分析数据的质量特性呈正态分布 X~N（μ,σ^2）。

（2）3σ 准则。在控制图绘制上，休哈特提出上控制限 UCL、下控制限 LCL 与中心线的距离为 3σ 时是接近最优的。在绘图统计量近似正态分布的假设前提下，3σ 控制限表明，只要过程处于统计控制状态，大约 99.7% 的统计量取值将落在控制界限内。

（3）小概率事件原理。小概率事件原理是指小概率的事件一般不会发生。由 3σ 准则可知，数据点落在控制界限以外的概率只有 0.3%，即平均 1000 个数据点里有 3 个数据点会落在上控制限和下控制限之外。相对于过程未处于统计控制状态的真实警报，过程处于统计控制状态时超出控制限是很偶然的小概率事件。当一个数据点落在控制限外时，要采取行动，查找原因并进行消除。

（4）两类错误。利用控制图分析和判断过程是否处于稳定和受控状态实质上是一种统计推断方法。当使用控制图评估过程状态时，可能有两种类型的错误。当过程实际上处于控制状态但数据点随机落在控制限之外，第Ⅰ错误发生。当过程实际上未处于控制状态但数据点随机落在控制限内，第Ⅱ错误发生。常规控制图的设计原则是控制第Ⅰ错误。

三、控制图的基本种类

（一）常规控制图的分类

常规控制图 (Shewhart Control Chart) 主要用来从图形上判定变异源于随机原因还是特殊原因。基本上分为两大类，即计量控制图（Variables Control Chart）和计数控制图 (Attribute Control Chart)。

计量控制图一般适用于长度、强度、纯度等连续数据计量值为控制对象的场合。属于这类的有单值控制图（X 控制图）、均值－极差控制图（$\bar{X}-R$ 控制图）、中位数－极差控制图（$\tilde{X}-R$ 控制图）以及均值－标准差控制图（$\bar{X}-s$ 控制图）等。

计数控制图是以可计数或分类数据的质量特性为控制对象。属于这类的有不合格品率控制图（p 控制图）和不合格品数控制图（np 控制图），这两种控制图称为计件控制图；还有缺陷数控制图（c 控制图）和单位缺陷数控制图（u 控制图），这两类控制图称为计点控制图。休哈特的常规控制图的分类如表 1 所示。

表 1　常规控制图分类

数据	分布	控制图名称	简记
计量值	正态分布	均值-极差控制图	$\bar{X}-R$ 控制图
		均值-标准差控制图	$\bar{X}-s$ 控制图
		中位数-极差控制图	$\tilde{X}-R$ 控制图
		单值-移动极差控制图	$X-R_m$ 控制图
计数值	二项分布	不合格品率控制图	p 控制图
		不合格品数控制图	np 控制图
	泊松分布	单位缺陷数控制图	u 控制图
		缺陷数控制图	c 控制图

（二）按控制图的用途划分

按控制图的用途来划分，可以分为分析用控制图和控制用控制图。两者间的关系正如日本质量管理的名言：“始于控制图，终于控制图。”所谓“始于控制图”是指对过程的分析从应用控制图开始对过程进行分析，所谓“终于控制图”是指对过程的分析结束，最终建立了控制用控制图。

1. 分析用控制图

分析用控制图是根据过去数据，主要用于分析现状，涉及分析两个方面的内容，一是所分析的过程是否处于统计控制状态，二是该过程的过程能力指数是否满足要求，若经过分析后，生产过程处于非统计控制状态，则应查找原因并加以消除。

2. 控制用控制图

控制用控制图由分析用控制图转化而来，当过程达到了确认的状态后，才能将分析用控制图的控制线延长作为控制用的控制图。由于后者相当于生产中的立法，故由前者转为后者时应有正式交接手续。这里要用到判断稳态的准则（以下简称判断准则），在稳定之前还要用到判断异常的准则。

四、控制图的界限公式

常规控制图的控制界限计算公式，世界上各个国家都有相应的标准。中华人民共和国国家标准《控制图》（GB/T 17989-2020），等同于国际标准《休哈特控制图》（ISO8258:1991）及其 1993 年的修订本。

（一）常规计量控制图的界限公式

常规计量控制图的界限公式如下表 2 所示。

表 2　计量控制图的界限公式

分布特征	控制图名称	中心线（CL）	上控制限（UCL）	下控制线（LCL）
正态分布	均值-极差控制图	$\bar{\bar{X}}$	$\bar{\bar{X}}+A_2\bar{R}$	$\bar{\bar{X}}+A_2\bar{R}$
	（$\bar{X}-R$）	$\bar{R}$	$D_4\bar{R}$	$D_3\bar{R}$
	均值-标准差控制图	$\bar{\bar{X}}$	$\bar{\bar{X}}+A_3\bar{S}$	$\bar{\bar{X}}+A_3\bar{S}$
	（$\bar{X}-s$）	$\bar{S}$	$B_4\bar{S}$	$B_3\bar{S}$
	中位数-极差控制图	$\bar{\tilde{X}}$	$\bar{\tilde{X}}+A_4\bar{R}$	$\bar{\tilde{X}}+A_4\bar{R}$
	（$\tilde{X}-R$）	$\bar{R}$	$D_4\bar{R}$	$D_3\bar{R}$
	单值-移动极差控制图	$\bar{X}$	$\bar{X}+2.660\bar{R}_m$	$\bar{X}+2.660\bar{R}_m$
	（$X-R_m$）	$\bar{R}_m$	$3.267\bar{R}_m0$	$3.267\bar{R}_m0$

表中 A_2、A_3、B_3、B_4、D_3、D_4 等是由样本个数 n 确定的系数，其值可通过计算得到，也可从控制图界限系数表（表 3）中直接查出。

表 3　控制图界限系数表

样本n	A_2	A_3	B_3	B_4	D_3	D_4	E_2
2	1.880	2.659	0.000	3.267	0.000	3.267	2.660
3	1.023	1.954	0.000	2.568	0.000	2.574	1.772
4	0.729	1.628	0.000	2.266	0.000	2.282	1.457
5	0.577	1.427	0.000	2.089	0.000	2.114	1.290
6	0.483	1.287	0.030	1.970	0.000	2.004	1.184
7	0.419	1.182	0.118	1.882	0.076	1.924	1.109
8	0.373	1.099	0.185	1.815	0.136	1.864	1.054
9	0.337	1.032	0.239	1.761	0.184	1.816	1.010
10	0.308	0.975	0.284	1.716	0.223	1.777	0.975

（二）常规计数控制图的界限公式

计数控制图记录所观察的样本中每个个体是否具有某种特性（或特征），界限公式如下表 4 所示。

表 4　计数控制图的界限公式

分布特征	控制图名称	中心线（CL）	3σ控制限
二项分布	不合格品率控制图（p）	$\bar{p}$	$\bar{p}\pm3\sqrt{\bar{p}(1-\bar{p})/\mathrm{n}}$
	不合格品数控制图（np）	$n\bar{P}$	$n\bar{p}\pm3\sqrt{n\bar{p}(1-\bar{p})}$
泊松分布	缺陷数控制图（c）	$\bar{c}$	$\bar{c}\pm3\sqrt{\bar{c}}$
	单位缺陷数控制图（u）	$\bar{u}$	$\bar{u}\pm3\sqrt{\bar{u}/n}$

第三节　质量控制图

一、计量控制图

（一）均值-极差控制图

对于计量值数据而言，$\bar{X}-R$ 控制图是最基本、最常用、最重要的控制图。它是由 $\bar{X}$ 控制图和 XT 控制图联合使用的一种控制图。$\bar{X}$ 控制图用于监控过程的中心，用来控制平均值的变化；XT 控制图用于测量变异，用来控制工序散差的变化。$\bar{X}$ 控制图的统计量为均值,反映在 X 上的异常波动往往是在同一个方向的，它不会通过均值的平均作用抵消。XT 控制图灵敏度则不如 $\bar{X}$ 控制图高。在确定 $\bar{X}-R$ 控制图的样本大小时，多倾向于采用小样本、短间隔。$\bar{X}$ 控制图和 XT 控制图检出过程质量偏移的能力可由其操作特征曲线来描述。

（二）均值-标准差控制图

$\bar{X}-s$ 控制图与 $\bar{X}-R$ 控制图相似，只是用 s 控制图代替 XT 控制图而已。若样本大小 n 较大时，例如 n > 10，这时用极差法估计过程标准差的效率较低。当样本 n 较小时，应用 $\bar{X}-s$ 控制图，它比 $\bar{X}-R$ 控制图更灵敏、更好地监测过程变异的指标。

（三）中位数-极差控制图

$\tilde{X}-R$ 控制图，只是用 $\tilde{X}$ 控制图代替 $\bar{X}$ 控制图。由于中位数和平均值一样，反映了数据分布的集中趋势，所以 $\tilde{X}-R$ 控制图和 $\bar{X}-R$ 控制图作用基本相同，用于同时判断正态分布的均值和标准差这两个参数是否保持在正常状态下的一对控制图，它依赖于样本量 n 的奇偶性。由于中位数的计算比均值简单，所以多用于现场需要把测定数据直接计入控制图进行控制的场合。

（四）单值-移动极差控制图

$X-R_m$ 控制图用来监测每批样本只包含一个数据的生产过程，其思路与 $\bar{X}-R$ 控制图非常类似。但是由于每批样本只有一个数据，与 $\bar{X}-R$ 控制图相比，$X-R_m$ 控制图有三个特点。一是 $X-R_m$ 控制图每批中的一个数据对应于一般 $\bar{X}$ 控制图中每批数据的均值。二是用相邻两批数据之差的绝对值对应 XT 控制图中每批数据的极差。三是计算移动极差时只涉及相邻两批的两个数据。

应用计量控制图时，通常做法是使用一对控制图，一张控制图用于控制均值，一张控制图用于控制散布。因为计量控制图的基础分布是正态分布，而正态分布取决于两个参数。

二、计数控制图

（一）不合格品率控制图

p 控制图用来测量在一批检验项目中不合格品（不符合或所谓的缺陷）项目的百分数。p 控制图是由每一组数据不合格品率组成的连线图，当出现中心线向下漂移或者递减趋势则提示过程得到改进，应当加以验证。

（二）不合格品数控制图

np 控制图用来度量一个检验中不合格品的数量。与 p 控制图不同，np 控制图表示不合格品的实际数量而不是与样本的比例，适用于样本量相同的分组，通常作为 p 控制图的一个补充。np 控制图是由每一组数据不合格品数组成的连线图，在样本大小相同的情况下，用 np 控制图比较方便。

（三）缺陷数控制图

c 控制图用来监控每单位缺陷数。c 控制图是对 u 控制图的一种补充。缺陷数控制图是用来控制相对缺陷数的变化状况，有利于不同条件下的部门考核，有利于公司品质方针与政策的执行，如机器设备的缺陷数或故障次数，医疗的差错次数等。

（四）单位缺陷数控制图

u 控制图用来记录每个样本中的缺陷数以及每个样本量或者每个样本中可能出现的缺陷的机会数量。u 控制图也是对不合格品率控制图的一个补充。在实际质量管理中，对各个部门进行品质考核时，由于各个部门的质量不同，使用不合格品率进行考核就不一定合理，而单位缺陷数可以更好地满足部门考核需要。通常缺陷数会大于不合格品数，因为一个不合格品可能有几个缺陷。

应用计数控制图时，一张控制图就足够了，因为计数控制图的假定分布仅有一个独立的参数，即均值水平。

三、控制图的观察与分析

通过对控制图进行观察与分析来判定生产过程是否处于稳定状态，以便决定是否有必要采取措施，消除异常因素，使生产过程恢复到稳定状态。控制图的设计思想是先确定第Ⅰ错误的概率 α=0.27%，再根据第Ⅱ错误的概率 β 的大小来考虑是否需要采取必要的措施。

（一）控制图的判断稳态准则

在生产过程中只存在偶然因素而不存在异常因素对过程的影响状态，这种状态称为统计控制过程状态或稳定状态,简称稳态。稳态是生产过程追求的目标。

在统计量为正态分布的情况下，只要有一个数据点在界限外就可以判断有异常。但由于两类错误的存在，只根据一个数据点在界限内不能判断生产过程处于稳态,如果连续在控制界限内有更多的数据点,即使有个别数据点在界限外,过程仍看作是稳态的。

判断稳态的规则：一是所有样本数据点都在控制界限内；二是位于中心线两侧的数据点数目大致相同，排列无缺陷，即为随机排列。判断稳态的准则：一是连续 25 个数据点都在控制界限内；二是连续 35 个数据点最多只有 1 个点在控制界限外；三是连续 100 个数据点中最多只有 2 个点在控制界限外。

在做控制图判断时，首先应该判断过程是否稳定，生产过程或工序是否处于受控状态，其基本判断条件有以下两点：一是在控制界限内的数据点排列无缺陷，为随机排列。应满足三个条件:（1）样本点分布均匀，位于中心线两侧的样本点各占 50%；（2）靠近中心线的样本点约占 2/3；（3）靠近控制界限的样本点极少。二是所有数据点基本上都落在控制界限内，即判稳准则的两种准则。

如果在控制图中数据点未出界限，同时界限内数据点的排列也是随机的，则认为生产过程处于稳定状态或控制状态。如果控制图数据点出界或界限内点排列非随机，则认为生产过程不稳定或处于失控状态。对于生产过程或工序而言，控制图的判断稳态准则起着警告警铃的作用，控制图数据点出界就好比警铃响，告诉现在是应该进行查找原因、采取措施、防止再犯错误的时刻了。

（二）控制图的判断异常准则

控制图上的数据点依样本时间序列而出现在控制图上，通常是很随机地散布在管制界内。有时数据点虽未超出管制界限，但一连串好几点都在管制图的中心线以上或数据点呈现周期性变化时，也可判为异常。判断异常的准则有两类：一是数据点出控制界限外就判断异常；二是控制界限内数据点排列不随机就判断异常。

常规控制图的判异准则参照 ISO 7870 和 GB/T 4091-2001 有 8 种。将控制图等分为 6 个区，这 6 个区标号分别为 A、B、C、C、B、A，其中两个 A 区、B 区及 C 区都是关于中心线 CL 对称的。

判断异常的规则：一是样本数据点在控制界限上或超出控制界限；二是控制界限内的数据点排列方式有缺陷，即为非随机排列。判断异常的准则：一是 1 个数据点落在 A 区以外，概率为 0.27%，数据点超出上界说明均值增大，数据点超出下界说明均值减小；二是连续 9 个数据点落在中心线同一侧，概率为 0.3906%，落在中心线上侧说明均值增大，落在中心线下侧说明均值减小；三是连续 6 个数据点呈递增或递减趋势，概率为 0.2733%，递增说明均值逐渐增大，递减说明均值逐渐减小；四是连续 14 个数据点中相邻点交替上下，概率为 0.4%，可能是存在两个总体造成的；五是连续 3 个数据点中有 2 个数据点落在中心线同一侧的B区以外，落在B区与A区的界限概率为2.14%，落在A区的界限内概率为0.268%，落在中心线以上的B区外，说明均值增大，落在中心线以下的B区外，说明均值减小；六是连续5个数据点中有4个数据点落在中心线同一侧的C区以外，概率为0.5331%，落在中心线以上的C区外，说明均值增大，落在中心线以下的C区外，说明均值减小；七是连续15个数据点落在中心线两侧的C区内，概率为0.326%，可能是数据分层不够，控制线过宽或存在虚假数据等原因造成的；八是连续8点落在中心线两侧且无1个数据点在C区内，概率为0.0103%,可能是标准偏差加大或质量数据来源于两个或更多过程等造成的。

四、控制图在医疗监控中的应用及特征

医疗质量是医院生存的核心，加强医疗质量监控是保证医疗质量的关键，20世纪70、80年代控制图才逐渐开始在医疗领域应用，主要应用于医院医疗质量监控，目前应用范围广泛，已涵盖手术、器官移植、医疗设施、医院部门、组织结构、流程管理等从医院整体到部门直至病人个体的全部领域。

医疗领域控制图的应用大致分两类：一是通过控制图对各监控单元独自进行实时动态的监控，及时发现各环节可能出现的变化，包括优化或者恶化，进而对控制图进行调整或者对相应的监控对象不良的变化进行预警，为及时采取补救措施或改进赢取时间；二是通过控制图对医疗领域各监控单元的工作绩效同时进行监控和对比，如医疗保险制度改革前后对病床工作效率指标的影响，监测制度标准对效率指标的影响，为进一步提高整体医疗质量管理找到了特定的目标。目前这两类监控方案是控制图在医疗领域中最常见的应用模式。

医疗领域由于本身研究对象的特殊性，控制图需要针对医疗单元具体的监控内容做相应的调整，其特征主要表现：一是患者的异质性是医疗领域控制图研究的最主要的特征；二是医疗领域的监控数据复杂，根据监控对象的不同，可以分为连续型和离散型，其中以离散型数据为主；三是控制图的各参数和阈值呈动态变化，监控单元异常变动识别的难度增加，监控对象多为全部单元；四是模型评价标准不同，实际监控中误报警率及报警能力等指标与理念值会有很大的出入。

第四节　实施统计过程控制

实施统计过程控制首先是要明确 SPC 的目标，包括减少围绕目标值的变异、修正过程变异以确保产品合格、降低成本、指明过程未来的行为以及量化过程能力；其次是要考虑统计过程控制成功的条件，包括整合正式的管理体系、管理支持、运用信息以基于数据制定决策和实施管理评审，以及确保运用 SPC 工具的人具有相应的能力；最后是确定 SPC 体系要素，包括组织为了成功实施 SPC 采取的过程和行动，其中既包括运营性活动，又包括支持性活动。设计控制图必须考虑四个方面：一是抽样框，二是样本量，三是抽样频率，四是控制限的定位。

一、抽样框

控制图的目的在于识别系统中可能随时间变化的变异。在确定抽样方法时，所选样本尽可能同质，以使每个样本所反映的是在这一时点上一般性原因的系统或者可归因原因的系统。一个良好的抽样方法应该具有这样的性质：如果存在可归因的原因，那么在不同样本之间观测到差异的机会很大，而在同一样本中观测到差异的机会很小。满足这些标准的样本称为“理性子组”（Rational

Subgroups)。构建理性子组的方法之一是在较短时间内进行连续测量，连续测量使样本内部变异的机会最小化，同时可以探查到样本间的变异。

二、样本量

样本量的选择显示了成本和信息之间的权衡。小样本量降低了与工作人员收集数据所需时间相关联的成本，但是，它们只能提供较少的统计信息。大样本的成本较高，但它们允许过程特性的较小变化有较高的概率被检测到。适当的样本量取决于过程能力和保证过程不会漂移太多的关键性。此外，控制限基于样本均值正态分布的假设，如果基础过程非正态分布，那么小样本不满足该假设，此时应选用更大的样本。

对于计量数据，过小的样本量可能使 p 控制图失去意义。尽管人们提出许多诸如“至少使用 100 个观测值”这样的指南，但适当的样本量还是需要在统计意义上确定，特别是当实际不合格品率很低时。如果 p 很小，那么 n 应该足够大，以保证有较高概率检测到至少一个不合格品。例如，假设 p =0.01，为了使监测到至少一个不合格品的概率达到 95% 以上，样本量至少为 300 个。

三、抽样频率

关于抽样频率，目前还不存在硬性和简便易行的规则。样本应该足够接近，以便尽快地提供探查过程特性变化的机会，并降低生产大量不合格品的可能性。然而，样本也不应该太过接近，以免抽样的成本高于可实现的收益。如何决策取决于每个具体的应用和产品数量。

四、控制限的定位

控制限不必严格依照统计上的“平均值的 3 个标准差”公式。在某些情况下，可能需要使用更宽或更窄的控制限来降低错误结论导致的相关成本。

使用控制图时可能会出现两种类型的错误。当错误地认定存在事实上并不存在的特殊原因时，便发生了第Ⅰ错误，并导致为试图发现并不存在的问题而产生的费用。当特殊原因存在，但由于恰好数据点落在控制限内而在控制图中没有发出信号时，则发生了第Ⅱ错误。由于这样有更大的可能生产出不合格的产品，结果必然造成损失。

五、统计过程控制的应用

SPC 分为两个阶段，一是分析阶段，二是监控阶段。在这两个阶段所使用的控制图分别为分析用控制图和控制用控制图。

分析阶段的主要目的：一是使过程处于统计稳态；二是使过程能力足够。分析阶段首先要进行的是生产准备，即把生产过程所需的原料、劳动力、设备、测量系统等按照指标要求进行准备，然后就可以用生产过程收集数据计算控制界限，用直方图、控制图进行过程能力分析，检验生产过程是否处于稳定状态，以及过程能力是否足够。如果有一个目的不能满足，则必须寻找原因进行改进，直到达到分析阶段的两个目的。监控阶段的主要工具是使用控制用控制图进行监控。此时控制图的控制限已经根据分析阶段的结果而确定，生产过程的数据要及时绘制到控制图上，并密切观察控制图，控制图中数据点的情况可以显示过程受控还是失控，如果失控，必须查找出原因并尽快消除其影响，监控可以充分体现出 SPC 预防控制的作用。

统计过程控制是伴随着质量管理技术的发展而发展，随着质量管理理念在医疗领域中的不断深入，统计过程控制尤其是控制图在医疗领域的应用逐渐增多，其对及时发现医院中存在的问题，提高医院整体管理绩效和服务过程质量具有重要的作用。目前控制图在医疗领域应用最多的是对手术进行监测，对设施设备、人为风险、组织结构、流程管理、团队绩效、药物治疗、医保管理等方面的研究还有待进一步提高与完善。

第五章 医保质量管理能力建设

能力，是指完成一项目标或者任务所体现出来的素质。能力建设是推进医院医保高质量发展的基础。提高医院医保从业人员的能力建设，必须要在制度创新、管理创新、技术创新、人才培养、风险管理、诚信服务等重要节点上苦练内功，久久为功，持续形成“人人重视质量、人人了解质量、人人保证质量”的质量氛围，为推进医院医保高质量发展提供有力保障。

第一节　医保办（科、处、部）质量管理任务与职责

医院医保质量管理就是通过发挥医保办（科、处、部）成员的主观能动性来实现医保服务管理所要求的质量管理目标。它要求每位医院医保从业人员所负责的医保业务力争实现零缺陷的目标。

一、医保质量管理任务

① 需建立全员参与、覆盖临床诊疗和医保服务全过程的医保质量管理与控制工作机制，积极配合医保质量管理委员会开展工作，促进医保质量持续改进。

② 应加强医保质量管理及从业人员胜任力建设，落实《医保从业人员人才培养规划》，重视人才和后备人才培养、创新性研究和成果转化，提升医保质量管理及从业人员综合素质和职业修养。

③ 应加强医保基金预算管理，完善按病种、DRGs、床日、人头、日间服务、点数法等多元复合式医保支付方式改革，强化成本核算、过程控制、细节管理、量化分析及绩效评价，不断提高医保资源使用成效。

④ 应当将医保质量管理指标纳入全院相关科室绩效考核，并作为各科室负责人、临床医师综合目标考核、晋升、评先评优的重要指标和重要依据。

⑤ 应做好医保信息系统的建设和维护，确保网络连接畅通，医保数据信息准确、及时、完整上传，并保证信息安全。

⑥ 应建立医保大数据和智慧医保信息平台，使信息技术满足医保质量管理与控制需要，营造便捷、高效、安全的医保就医体验和质控环境。

⑦ 明确在医保质量管理中的主体责任。全面负责医院医保质量管理任务，以《医院医疗保险质量管理办法考核细则》为标准，抓好环节质量，以每一个细节的高质量，保证整个服务的高质量。开展质量活动月和质量小组等活动。

二、医保质量管理责任

① 坚持“质量第一”的原则，强化医保从业人员医保质量管理教育，认真贯彻执行《全国医院医疗保险质量管理办法》《医院医保质量管理考核细则》各项技术规定。

② 组织好自检、互检工作，严禁弄虚作假行为，开好医保质量分析会，发挥好医保办（科、处、部）主任医保质量管理的带头作用，履行好医保质量管理第一责任人职责。

③ 严格执行医保政策和技术的操作规程，建立全体成员的医保质量责任制，重点抓好影响质量关键岗位的工作质量，保证医保质量管理指标的完成。

④ 针对硬性医保质量的关键因素，给予合理化建议，积极采用新技术、新方法，开展岗位练兵活动，练好基本功，进而提高自身的医保管理水平。

⑤ 对医保质量事故、差错和纠纷进行分析，查找原因，并提出改进办法。

三、影响岗位质量的主要原因

医保服务的连续性，决定了一个岗位不可能独立完成医保服务的全过程，只能完成其中一部分管理指标，而一个岗位负责的部分管理指标的完成状态，或指标控制的好坏，将直接影响下一个岗位服务质量的优劣，这就说明岗位工作质量是医保服务质量的基础。

主要原因如下。

（1）责任心不强、服务意识差、质量管理规范落实不到位，质量管理没有内化于行动。

（2）执行制度和操作规程不严，操作失误多。

（3）医保从业人员素质低，不能胜任本工作岗位。

（4）设备维护保养意识不强，办公设备带病运转。

（5）各岗位之间协调配合不紧密，服务流程不通畅，服务过程不稳定。

四、提高医保质量的对策

在人们的传统思维中，质量通常是指产品质量，用科学标准定产品质量，看得见摸得着。而随着体验经济的到来,人们对“质量”的看法发生了重大变化：质量不再仅指产品质量，也开始涵盖更加抽象的“工作”质量。它不再是一个产品概念，而是围绕用户，涵盖生产、交付、用户使用和售后服务的全业务流程的新概念。谁能最先转变思想，以客户满意度为中心定义和持续改进，谁就能屹立于市场。

一要追求质量零缺陷，而不是所谓的差不多就好。质量零缺陷的工作标准不是差不多就行，而是要求在质量上每次都做到零缺陷，在任何时候、任何情况下都能符合质量的要求。零缺陷的标准强调的是全部符合要求，而不是部分合格。

二要不断提升医保从业人员的质量意识。加强对质量管理理论与方法的学习，激发班组成员自己去挖掘提高质量的方法和途径。比如，开展质量分析研讨会，成立质控小组，并把提高质量与员工的切身利益相联系。

三要完善岗位质量负责制。建立、完善岗位质量负责制是确保医保质量的可靠保证,在医保服务中必须严格执行。岗位质量负责制还应与奖惩制度相结合，做到质量优就重奖，质量劣就重罚。实现对医保质量自我控制、自我检查、自我保证。推进医院医保高质量发展。

四要树立质量问题分析监控意识。医保办主任对医保服务过程中出现的质量问题，应与医保办成员一起进行剖析，有针对性地予以指导，提出改进措施。让每一位成员都能清楚地意识到自己存在哪方面的质量问题，从而使质量改进不再是盲人摸象。通过改进，进而完善规范化的制度和标准，使人人有章可循。

五要及时交流，激发质量创新意识。质量改进的经验交流对于医保从业人员来说非常重要。通过及时交流，可以将大家在工作过程中遇到的质量问题进行归类整理，形成案例，共同来讨论解决方案。问题解决之后，要及时归档，便于今后再遇到类似问题时有所对照。

质量改进的交流形式有很多种，最常见的有如下两种。

第一种是开展 QC（质量控制）活动，通过医保从业人员间的信息交流和互相学习，提高班组成员解决质量问题的能力。久而久之，大家不仅可以自己解决工作中遇到的质量问题，而且还能帮助其他人员来提高服务质量和工作效率。

第二种是成立质量研究小组，进行质量难题探讨，提出可行的质量改善方案或创新措施。这样做，不仅可以激发大家质量管理的进取心和创新力，而且会进一步激发全体人员的集体荣誉感。

第二节　医保质量管理能力提升的原则

任何产品都必须达到所要求的质量水平，否则就没有或未完全实现其使用价值，从而给消费者及社会带来损失。从这个意义上讲，质量必须是第一位的。市场的竞争其实就是质量的竞争，企业的竞争能力和生存能力主要取决于它满足社会质量需求的能力。医院医疗保险服务质量也不例外。“质量第一”并非“质量至上”。质量不能脱离当前的消费水平，也不能不考虑成本而一味追求质量。应该重视质量成本分析，综合分析质量和成本，确定最适宜的质量。

第一，病人第一的原则。医院最优先的质量原则是以病人为中心，院内所有的操作流程要以病人的需要进行设计，为病人提供满意的医疗服务。

第二，全员参与原则。医院全体员工是医院工作的主体，只有全体员工的充分参与，才能提高医保质量，为医院带来利益。因此，医保质量管理是通过医院内的各部门、各科室的各级各类人员的参与，保证医保服务的实施与实现。

第三，过程管理原则。过程管理原则充分体现了“预防为主”的现代管理思想，从“预防为主”的角度出发，对医保服务工作的全过程，对医保服务的每一项操作、每一个环节都应进行严格的质量控制，把影响质量的问题控制在最低允许限度，力争取得最好的医保服务效果。

第四，持续质量改进原则。持续质量改进（CQI）是在全面质量管理基础上发展而来，它以系统论为理论基础，强调持续的、全程的质量管理。20 世纪 80 年代，持续质量改进应用于医疗服务质量管理，取得了较好效果。1992 年美国卫生组织联合评审委员会（JCAHO）通过新方案，要求全美所有院长必须经过持续质量改进原则和方法的培训，为持续质量改进的传播、发展提供了基础。

第五，定量化原则。现代质量管理重视用“数据说话”，没有数量就没有准确的质量概念。通过统计的方法可以做到更好地分析判断医保质量的优劣程度，揭示其管理方面的规律性。当然，应当看到量化只是认识客观事物的一种手段，而不是唯一手段。在强调数据化原则时，也不应忽视医保质量中的非定量因素，医保质量管理要科学地把握定量与定性的界限，全面、准确地判定医保质量水平。

第六，系统性原则。医保质量是医疗系统整体功能的综合体现。医保质量管理就是要应用系统管理思想的整体观点，着眼于质量形成的整体性和系统性，对医保质量形成的各环节和医保质量产生的全过程实施全面管理。只重视医保工作的分工是不够的，还必须注意综合。分工是手段，综合是目的。

第七，安全性原则。安全性原则是医保服务质量管理的重要原则。医保质量管理对于保证病人安全具有特殊的重要地位和作用，安全性原则要求我们医保办要努力控制医保缺陷的发生，努力使医保服务中难以预测的因素变为可控制因素，把医保服务缺陷降为最低。

第八，标准化原则。标准是医保各级各类人员必须遵守的规范和要达到的指标，是规范医保服务行为的依据。在医保质量管理中坚持标准化原则，就是要完善医保服务质量标准化体系。但标准的高低要适中，简明易行，具有可操作性。

第三节　医保质量管理能力提升的措施

医保服务质量是由各个要素形成的。一方面，哪一种质量要素都不可少；另一方面，各种要素之间的结构和比例也要合理。所谓医保质量的形成，其实就是各种医保质量要素综合作用的结果，而医保质量管理的基本工作就是对各种医保质量要素的合理安排与利用。医保质量要素通常由人员、技能、物资、时间、环境和规章制度六个基本要素组成。

第一，人员的管理。人是医保质量要素中的首要因素。人员素质对医保质量起着决定性的作用，它包括医保人员的政治思想、职业道德、工作作风、业务技术水平、身体健康状况，机构与人员组织配置的合理程度，如人员编制、年龄、性别、资历、能力、知识结构，等等。

第二，技能的管理。技能是医保质量的根本。医保技能一般是指信息管理、互联网、大数据分析与应用等技术水平，但这里的“医保技能”不只是单纯的专业技能，还包括在医保服务中使用的其他所有技能。各种技能均有其质量指标来评价工作的优劣程度，而某种技能工作的优劣程度就是技能质量。技能质量的评价包括：一是医保工作效率和质量指标的完成情况；二是规章制度执行情况；三是新技术、新方法、新工具应用的评审情况；四是成本效益的评价等。高技能质量则是在医保技能上以最小的消耗取得最大的医保成效。

第三，物资的管理。物资是医保存在的基础，也是医保质量的基础。医保物资、办公设备的供应，设备的完好和先进程度是医保质量的保证基础。除了一般意义上的消耗性物资和生活物资以外，在医院里还使用着大量的医用物资，如药品、试剂、大型检查设备、治疗仪器等。许多医用物资属于特殊物资，必须按照相关的特殊标准和特殊要求进行管理。医用物资的供应要齐全、及时和质优，它是医保服务质量的物质基础和保证。加强医保质量管理，必须抓好医用物资管理的法律、法规和相关规章制度的执行和落实，严格把好质量关，杜绝各种假冒伪劣医用物资流入医院，以保证医疗安全。

第四，时间的管理。实施任何医保服务过程，都必须注意及时性、适时性和准时性。医保质量必须有时间观念，重视时间对医保质量的影响。例如，在一般的疾病诊疗中，时间对于质量有影响，但并不是主要的。而在特殊情况下如急症抢救时，时间又显得非常重要，往往只是几分钟甚至数秒，病人的转归就可能是截然不同的两种结果。这两种结果，就是两种医疗质量。此时，时间就是生命，争取时间就是争取生命；时间就是质量，争取时间就是提高质量。

第五，环境的管理。包括建筑设施的美观、舒适、实用，环境的绿化、美化、整洁、宁静等。目前一些医院提出建设生态文明型医院，重视环境对职工、患者及家属的影响。医保服务环境要因地制宜，为参保人员营造舒适、安静、便捷、干净、温度适宜、设施齐全的人文环境。

第六，规章制度。医保质量管理必须以规章制度为准则，即医保工作必须严格地执行各级各类规章制度，按章办事。没有规章制度，医保质量就无法形成；有了规章制度而不去执行，医保质量同样不能保证。规章制度是医保质量与安全管理的基础；应重视制度落实与实效，重点是制度的科学性、系统性和可行性。

第四节　新时代医保质量管理文化建设

文化是人类社会历史实践过程中所创造的物质财富和精神财富的总和。文化作为社会的意识形态，它随着社会物质生产的发展而发展，既是一定社会政治、经济的反映，又极大地影响和作用于社会、经济的发展。医保文化是一种社会现象，是医院在长期的医保实践过程中逐渐形成的具有行业特性和新时代特征，为医院医保从业人员普遍认同并共同遵守的基本信念、价值标准、思维方法、制度标准和行为准则。它成为医保从业人员习以为常的思维和行为方式，不容易随医院领导者的变化而变化，具有可传承性。医保文化主要体现在承担社会责任、注重诚实守信、崇尚服务奉献、致力于和谐医保等各个方面。医保文化建设和管理对推进医院医保高质量发展，遵守医保行业价值标准、思维方式、制度规范和行为准则具有重要作用，也是医保在行业内展示独特形象的物质财富和精神财富的总和。

一、医保文化的功能

医保文化的功能是指医保文化在新时代推进医院医疗保险服务高质量发展中所具有的作用和效能。人们常常把医保文化的功能比喻为医保的灵魂、助推器、灯塔和加油站。医保文化具有下列多种功能。

（一）导向功能

医保文化的导向功能是指它引导医保从业人员为实现既定目标而主动适应社会及不同层次人群健康保障需求的作用。医保文化导向功能一般通过以下四个方面体现出来：一是定位价值目标。医保作为价值的主体，是在为社会服务过程中实现自己的价值，同时，又在维护人们医疗保障中满足自己的需求。因为，医保的价值目标应定位在不断满足人们日益增长的医疗保障美好需要上。二是校准价值取向。医保从业人员都必须用定位的价值目标来校正自己的价值取向。三是制定规章制度。这就是使价值取向制度化，从而起到导向作用。四是把价值理念转化为全体医保从业人员的职业行为，并养成习惯，这一转变是价值理念的外化，也是医保文化导向功能的最终体现。

（二）凝聚功能

医保文化的凝聚功能是指：它把医保从业人员紧紧地联系在一起，同心协力，为实现共同的目标和理念而奋力拼搏的作用。在一家医院里，用共同的价值观和共同理念，把来自五湖四海、具有不同背景、不同利益追求的人才凝聚起来，形成思想一致、行动统一的团队。凝聚功能是从四个方面体现出来的：一是通过医保文化的宣教，逐步形成一种群体价值观；二是广大医保从业人员对医保文化目标的认同感；三是广大医保从业人员对医疗保障事业的使命感和责任感；四是广大医保员工对医院的归属感。

（三）激励功能

医保文化的激励功能是指其利用各种激励手段，使医保人员情绪高昂，产生出一种奋发进取的力量的作用。社会文化创造的是社会的生活环境，而医保文化创造的是医院的工作环境。在一个拥有强势的文化环境里，医院的医保人员和参保人员价值都受到尊重，每个医保人员的业绩都得到公正的评价。先进的医保文化带来的是效率，它直接服务于医保事业的目标，医保文化深深扎根于医保人员心中的是最低成本的动力。激励功能是通过以下三个方面来体现出来的：一是激励医保人员团结一致、奋发向上的精神状态；二是激发医保从业人员自觉工作，最大限度调动人们的积极性；三是激发医保从业人员医保事业兴我荣，为医保争光的荣誉感。

（四）协调功能

医院文化的协调功能是指协调医院内部各部门以及医保与医疗保障局、医保管理中心、卫健委、新闻媒体和参保人员之间的关系。使医院内部协调统一，医保与社会和谐一致。医院医保要取得成功，都要解决好“三个一致性”的问题，即不同成员之间文化一致性，理念和行为的一致性，医保文化和社会环境的一致性。新时代医保文化的主题是构建和谐的医保关系。文化是一个民族的灵魂，是维系国家统一和民族团结的精神纽带。没有文化上的和谐，没有文化的积极引领，社会的和谐就没有思想根基和文化源泉。构建和谐医保必须大力推进和谐文化建设，培育和发展和谐文化。

（五）约束功能

医院文化的约束功能是指通过观念文化、道德文化、制度文化对医保从业人员的行为进行约束和规范。规章制度对广大医保从业人员的约束和规范通常为硬约束。医保文化更偏重于价值观和敬业精神构成的软约束。约束作用主要通过以下两个方面体现出来的：一是内心的信念，它是一种规范人们行为的方向盘，是一种靠观念、靠自觉的内在约束力；二是靠规章制度等强制力来规范医保人员的行为。医保文化的约束作用主要靠“德”与“法”的力量来体现的。

（六）育人功能

医保文化的育人功能是指通过医保文化的培育和熏陶，不断提高广大医保从业人员的综合素质。医保文化不仅仅是一种新的管理手段，更是一种以造就全面发展的人才为目的的管理哲学。医保文化的育人功能主要从以下两个方面体现出来：一是以先进的价值观引导医保从业人员的行为，培育医保人员的智能和技能；二是用先进的文化理论和实践，培育出听党指挥、政治过硬、品德高尚、技能优良、人性丰满、服务人民的医保团队。

二、新时代医保文化的五大要素

当代社会的意识形态、价值取向、信息技术水平决定着医保文化的现状和时代特征。医保文化的发展是与时俱进的,医保文化只有具备时代的要素和符号，才能更具活力和充满生命力。

新时代医保文化通常包含以下五大要素。

（一）时效文化

当前医疗市场的竞争越来越明显地表现在人才和时间的竞争上。人才流动造成医疗资源的流动，服务更新的周期越来越短。而参保人员不但需要医疗服务有良好的效价比（即疗效确切、费用合理），而且希望通过服务流程的改善，最佳临床路径的选择，得到便捷有效的服务。这就要求通过医保文化的建设，使每个医保从业人员树立良好的时效观念，在单位时间内，为参保人员提供更多服务。

（二）学习文化

近十多年来，人类知识大约以每三年增加一倍的速度提升，新知识层出不穷。这就向医保事业可持续发展和人才成长提出挑战。显然，培训和学习是医保练好内功应对挑战的良策。医保文化很重要的一条是终身学习，把医保办建设成为学习型组织。只有这样,医保从业人员的知识和技能才能不断更新和提高，为优化医保从业人员的知识结构、培育领军式人才打下坚实的基础。

（三）创新文化

创新文化就是让广大医保从业人员牢固树立“创新才能生存,守旧终被淘汰”的观念；就是要在医保行业内建立持续创新的机制，推进医保文化的理论创新、管理创新、服务创新。

（四）诚信文化

从一定意义上来说，新时代中国特色社会主义市场经济是诚信经济。医保的诚信文化主要是从社会道德层面上做出界定的。由良好的诚信文化打造而成的社会公信力，是医保事业的无形资产。医保的诚信文化起码包括：人人都具有诚实守信的意识，正确处理个人与国家、单位与社会相关利益群体的关系等。

（五）融合文化

社会主义市场经济不是资本原始积累的那种拼个你死我活的文化，而是既竞争又合作的“双赢”文化。这就要求医保质量管理必须不断融合多元文化。

就是要善于将医保服务过程所涉及的各个利益主体——医疗保障局、卫健委、医保中心、商保公司、参保人员和医保从业人员的价值融合为一体，使之成为合作文化和共享文化的集合体，实现优势互补和资源重组，使发展成果共建共享。

三、医保质量管理的制度文化

医保管理制度是医保文化的重要组成部分。它直接体现医保价值观的要求，并保证价值观的贯彻和落实。因此，医保制度文化的优劣，关系到医保工作环境和人与人之间的关系是否协调，质量管理能否建立和保持正常的工作秩序。

医保制度在医保文化体系中扮演者特殊的角色和承上启下的作用。众所周知，价值观是医保文化的核心，而价值观的贯彻和落实，就得靠制度的规限和约束。医保的正常运转就得靠制度来支撑。同样，医保人员的行为文化，包括工作作风、人际关系和医患关系，既是价值观的折射，更是制度的直接指引。例如，某医院要求医保人员在接听医保咨询电话时不得超过三次铃声，并要求热情、有礼、服务周到。结果，大多数员工都做到了。在这个行为的背后，首先是医保人员对“病人至上”价值观的认同，同时，也是医院《岗位服务规范》的激励和约束。

四、如何推进医保文化建设

医保文化是一门边缘学科，是管理学和文化学交叉、融合而成的。推进医保文化建设，应当遵循理论与实践相结合的原则，着力揭示新时代医疗保障发展的内在规律，探求医疗保障与社会文化之间的内在联系，以促进医院医保质量管理的可持续发展。具体来说，包括以下四个方面。

（一）医保文化建设应体现以人为中心

医保文化建设，以人为本是个首要原则。而这里所说的“人”，既包括医保从业人员，也包括医疗保险的服务对象。医保文化对人的研究，就是着力于开发医保从业人员的潜能，最大限度地调动医保从业人员的积极性和创造性，最大限度地满足医疗保险服务对象的需求。让好的质量、优良服务使参保人员最大限度地感受到获得感、安全感和幸福感。

（二）推进医保文化建设应以提高管理者素质为重要内容

从一定意义上说，管理者文化决定医保文化。在一家医院里，管理者的文化就是这个决策团队的哲学态度、价值观、处事风格的集中体现。管理者的哲学态度和价值取向，决定着整个医院的价值取向，并最终影响着医保文化建设的兴衰成败。

（三）推进医院文化建设应高度关注环境变化和应对策略

文化总是在特定环境下形成和发展的。医保管理正处在剧变的环境之中，习惯了的“等”“靠”“要”失灵了，行业内的“游戏规则”变了。要奋力推进新时代医院医保高质量发展，要满足医疗保险服务对象不同层次、不同人群的多方面需求，就必须研究剧变中的政策环境、社会环境和市场环境，以便适应环境的变化，做出相应的变革。

（四）医保文化建设要有一股韧劲，应注重实效，力戒空谈

医保文化不是喊口号、搞节日，而是要把先进的文化理念融入广大医保从业人员的思想和行为之中。优秀的医保文化要靠时间和心灵悉心酿造，是一代医保人共同努力的精神成果，是自然积淀而成的。你可以奋战三年打造出一家五星级医院，却无法在短时间内打造一种文化。

要把医保文化变成广大医保从业人员的自觉行为，就要把医保文化建设长期抓下去。医保的文化建设归根到底还要使医保价值观被广大医保从业人员所

认同，并在他们的服务行为中充分体现，只有这样，医保文化才能发挥其对医保高质量发展的推动作用。

第六章 质量管理工具与方法

质量管理中广泛使用各种方法，统计方法是重要的组成部分。除此之外，还有很多非统计方法。常用的质量管理方法有所谓的老七种工具，为了实现质量目标，必须综合应用各种先进的管理方法和技术手段，必须善于学习和引进国内外先进企业的经验，不断改进本组织的业务流程和工作方法，不断提高组织成员的质量意识和质量技能。

质量管理工具是在开展质量管理过程中运用到的对数据分析所使用的方法，又称 QC 工具，分为老 QC 七工具和新 QC 七工具。质量管理工具是开展持续质量改进工作的基础，熟练使用才能起到事半功倍的效果。

第一节　质量管理

质量管理 (Quality Management) 是指导和控制组织的与质量有关的相互协调的活动。指导和控制组织与质量有关的活动，通常包括质量方针和质量目标的建立、质量策划、质量控制、质量保证和质量改进。质量管理是以质量管理体系为载体，通过建立质量方针和质量目标并为实施规定的质量目标进行质量策划、实施质量控制和质量保证、开展质量改进等活动予以实现的，质量管理涉及组织的各个方面，质量管理是否有效关系到组织的兴衰。

一、PDCA 循环管理

（一）定义

PDCA 循环是美国统计学家戴明博士发明的工作方法（又叫“戴明环”）。主要内容有计划 (Plan)、执行 (Do)、检查 (Check)、处理 (Action)。因分别取其英文首字母表示，所以叫“PDCA 循环法”。

（二）步骤

PDCA 循环法分为四个阶段，八个步骤。

1. 计划阶段（四个步骤）：①分析问题，找出存在的问题。②分析产生问题的原因或影响因素。③找出原因中的主要原因。④针对主要原因，制定措施，提出行动计划。

2. 执行阶段（一个步骤）：执行计划或措施。

3. 检查阶段（一个步骤）：调查采取措施的效果。

4. 处理阶段（两个步骤）：①总结经验，把成功的经验和失败的教训都规定到相应的标准、制度和规定中，防止再次发生过去已经发生过的问题。②提出尚未解决的问题，在这个基础上，再进行 PDCA 循环。

（三）功能

PDCA 循环法是实施全面质量管理中的一套科学的管理方法。这种周而复始的循环法，可以及时发现质量问题，找出解决问题的办法，不断分析、改进、提高各方面的质量，从而在医保全面质量管理中发挥重要的作用。

二、目标管理

目标管理（MBO），又称为方针管理。这是近年来世界上公认的一门新兴的管理技术。目标管理是以美国管理学家泰勒的科学管理学说和管理心理学家梅奥的行为科学理论为基础而形成的一套管理制度。其实质是一种以“人”为中心，以“物”为辅助的管理激励技术。

（一）目标管理的基本论点

（1）管理中的“目标”贯穿于整个管理活动始末。

（2）强调管理要以“人”为中心。

（3）通过目标的展开及制订各级保证计划，达到人人参与、人人关心。

（4）用建立组织的方针及目标，并变目标为各级各类人员的责任，发挥更大效应。

（二）目标管理的特征

（1）目标管理属于系统整体的管理办法。

（2）目标管理属于宏观、动态的管理方法。

（3）目标管理属于群体、参与式管理的方法。

（4）目标管理属于自我激励式的管理方法。

（5）目标管理属于重视成果的管理方法。

（三）目标管理的一般原则

（1）总目标与分目标要保持一致性，分目标必须符合总目标的要求。

（2）分目标要直接或间接地有利于提高某项事业的利益和改善其他工作。

（3）总目标和分目标对单位和职工要有激发作用。

（4）目标的内容要以重要工作为主。

（5）目标与目标之间要注意平衡和协调，避免互相影响和牵制。

（6）目标应有“挑战性”，比个人能力略高，但又不宜太高，以免达不到。

（7）目标完成的期限应长短适中，制定短期目标时应有长期观点，制定长期目标时应分阶段。

（8）各项目标应尽可能数量化。

（四）目标管理的基本方法

1. 确立目标

（1）设立目标，制定计划草案。

（2）论证目标及“草案”，制定考评标准。

（3）建立组织保障体系、考评体系及信息传递体系，并开展工作。

2. 展开目标

（1）目标按管理层次向下分解，形成系统的目标体系。

（2）在上下协商的基础上，层层签订目标责任书。

（3）依据责任书实行授权。

（4）制订各级的目标保证计划。

3. 实施目标

（1）根据信息反馈及时调整或修订目标。

（2）协调组织内部上下左右的关系。

（3）定期进行阶段检查及评定工作。

（4）实行以“自我控制”为主的多种形式的控制方法，以确保目标的实现。

4. 评价目标

（1）根据目标考评标准，进行目标考核及综合评价。

（2）召开成果发布会，总结工作，表彰先进。

（3）按“达标”协议要求，实行奖惩兑现。

（4）拟订新的组织及部分目标。

（五）目标管理的特点

（1）决策者与执行者共同确定目标。

（2）自主管理，自我控制。

（3）自我评价。

（4）奖励为主。

（5）目标与分目标的一致性。

（六）目标管理的作用

（1）使参加者明确组织总目标与个人分目标之间的关系。

（2）使参加者明确实现目标的意义、作用和与个人利益的关系。

（3）在制定目标过程中增进了有关任务和人员之间的联系和了解。

（4）有效地调动职工的积极性、创造性和主动性。

（5）使参加者更加关心组织目标的实现，提高管理效能。

（七）目标管理的先决条件

（1）要求高层领导参与。

（2）要求下级管理人员和执行人员都参加制定目标和为实现目标承担责任。

（3）要有充分的信息资料，包括上下级的意图、成本、可利用的资源、分工与协作的意愿、市场条件、个人和集体行为对组织内部和外部的影响。

（4）对实现目标的手段有控制权。包括生产过程、人员、物资和资金。

（5）对于实现目标管理而带来的风险要予以激励。

（6）对职工要有信心。

（八）目标管理的实施步骤

（1）制定目标。

（2）制定实现目标的具体计划，此计划要在上、下级之间达成协议。

（3）授权。上级根据目标、计划和达成的协议，授予下级相应的人、财、物的支配权和使用权。

（4）检查。要定出检查计划进度的时间。

（5）考核。在达到预定期限后，上、下级一起进行考核，以决定奖惩和对职工的升降。

（6）制定新的目标。

三、标准化管理

标准化管理就是在管理工作中，以标准的制定和标准的实施这一形式来进行计划、组织、协调、监督和控制的管理过程。标准化管理是合理组织医保服务和进行科学管理的重要技术手段，是新时代医保质量管理的重要标志。

（一）标准化管理的功能

（1）规范化功能：医保实行标准化管理，可以正确实施国家颁发的规范性文件和各项标准规定，避免混乱与扯皮现象，使医保工作进一步规范化、正规化。

（2）统一性功能：实施标准化，可以实现外在和内在的一致性，使医保的各项工作在目标和形式上趋向一致。

（3）量优化功能：标准化代表着高水平与新水平，标准化过程就是推广新思想、新技术、新经验的过程，以保证工作质量的最优化。

（4）约束功能：标准具有强制性约束力，而标准化的约束功能，可以促进各项标准的贯彻实施，使工作保持惯性运行，达到最佳的运作和操作程序。

（5）简化功能：实行标准化管理最基本的要求是标准的简化，就是把日常烦琐的工作和程序，经过集中，升华为符合普遍要求、便于掌握执行的标准。

（6）协调功能:医保各项标准之间存在着紧密的联系，是统一的整体，因此，实行标准化管理具有协调各部门工作的功能。

（二）标准化管理的作用

（1）它是合理利用资源的有效措施。

（2）它利于减少劳动消耗，提高劳动生产效率。

（3）它是提高工作和服务质量的先决条件。

（4）它有利于使各项管理工作合理化、规范化、高效化。

（5）它有利于建立正常的管理秩序。

（6）它有利于确定岗位人员的培训目标。

（7）它有利于定员工作。

（8）它有利于领导干部集中精力处理大事。

（9）它有利于为管理科学化、现代化创造条件。

（三）标准化管理的方法

（1）质量控制方法。

（2）目标管理方法。

（3）数理统计方法。

（4）综合评价方法。

（5）思想政治工作方法。

（6）医保信息技术标准。医保信息技术标准化是医保标准化管理的核心，也是医保现代化管理的基础。其内容多、范围大，大致分为：①信息技术原则标准。②信息技术操作标准。③信息技术效率评价标准。

四、标杆管理

标杆管理，又称基准管理。是指一个组织瞄准一个比其绩效更高的组织进行比较，以便取得更好的绩效，不断超越自己，超越标杆，追求卓越，组织创新和流程再造的过程。

标杆管理起源于20世纪70年代末80年代初，在美国学习日本的运动中，首先开辟标杆管理先河的是施乐公司，后经美国生产力与质量中心系统化和规范化。

标杆管理是站在全行业，甚至更广阔的全球视野上寻找基准，突破了企业的职能分工界限和企业性质与行业局限，它重视实际经验，强调具体的环节、界面和流程，因而更具有特色。同时，标杆管理也是一种直接的、中断式的渐进的管理方法，其思想是企业的业务、流程、环节都可以解剖、分解和细化。企业可以根据需要，或者寻找整体最佳实践，或者发掘优秀“片断”进行标杆比较，或者先学习“片断”再学习“整体”，或者先从“整体”把握方向，再从“片断”具体分步实施。

标杆管理首先会让企业形成一种持续学习的文化，让企业认识到“赶”“学”“超”的重要性，企业的运作业绩永远是动态变化的，只有持续追求最好，才能获得持续的竞争力，才能始终立于不败之地。其次，标杆管理为企业提供了优秀的管理方法和管理工具。主要表现在以下几个方面。

① 通过标杆管理，企业可以选择标杆，确定企业中、长期发展战略；并与竞争对手对比分析，制订战略实施计划，并选择相应的策略与措施。

② 标杆管理可以作为企业业绩提升与业绩评估的工具。标杆管理通过设定可达目标来改进和提高企业的经营业绩。目标有明确含义，有达到的途径，可行、可信，使企业可以坚信绩效完全有办法提高到最佳。而且，标杆管理是一种辨识世界上最好的企业实践并进行学习的过程。通过辨识行业内外最佳企业业绩及其实践途径，企业可以制定业绩评估标准；然后对其业绩进行评估，同时制定相应的改善措施。企业可以明确本企业所处的地位、管理运作以及需要改进的地方，从而制定适合本企业有效的发展战略。

③ 标杆管理有助于企业建立学习型组织。学习型组织实质上是一个能熟练地创造、获取和传递知识的组织，同时也要善于修正自身的行为，以适应新的知识和见解。而实施标杆管理后，有助于企业发现在产品、服务、生产流程以及管理模式方面存在哪些不足，并学习“标杆企业”的成功之处，再结合实际，将其充分运用到自己的企业当中。而且这种过程是一种持续往复的过程，主要基于三点考虑：企业所在的竞争环境持续改变；“标杆企业”不断升级与更新；企业业务范围和企业规模的不断变化。

第二节　管理方法

医疗质量是医院的生命线。医疗质量是医院质量管理的核心内容，加强医疗质量管理、提高医保服务质量是医院管理工作的基本任务和目的。自 2011 年开始的我国新一轮医院评审所围绕的“质量、安全、服务、管理、绩效”十字方针中，将“质量”放在首位，其重要地位可见一斑。医疗质量的持续改进、不断提高是医院生存和发展的永恒主题。

医院医疗质量管理方法归纳起来共有 10 余种，如医疗指标管理法、三级质量管理法、医院分级管理法、PDCA 循环法、品管圈、质量目标管理法、Ridit 分析法、标准化管理法、病种质量管理法、疾病诊断相关分组、病例分型质量评价法、全面质量管理、医疗缺陷控制法、质量保证法等，不同的方法有各自的特点，应根据实际需要选择使用。

一、根本原因分析法

（一）概　述

根本原因分析法 (root cause analysis，RCA) 是一种回溯性失误分析方法。目的是寻找系统过错与责任，制订预防措施和可执行的计划，避免类似事件再次发生，而不是究责。在分析过程中要围绕以下三个问题开展。

（1）明确发生了什么事件?

（2）为什么会发展到这个地步?

（3）如何预防类似事件再次发生?

根本原因分析法主要应用在检讨医疗错误和医疗不良事件：

（1）警讯事件：警讯事件指涉及死亡或严重物理性或精神性的伤害以及由此产生的危险。这些事件被称作警讯是因为他们需要迅速的调查和回应。

（2）造成严重后果的不安全事件，即严重度评估 (SAC) 为一级或二级的事件。

（3）系统问题的事件或有特殊学习价值的事件。

（4）严重度评估 (SAC) 为三级或四级但发生频率高的事件（如相同意外事件一个月发生两次以上）可以分成医疗错误和医疗不良事件；医疗错误是未造成伤害事件或近似差错；医疗不良事件可以分成可预防和无法避免，可预防为医疗过失、警讯事件。

警讯事件：非预期地死亡或非自然病程中永久性功能丧失。

不良事件：医疗处置而非原有疾病造成的伤害。

近似差错：因及时的介入而使伤害未真正发生。

（二）方法步骤

（1）组成任务团队。

（2）确立问题。

（3）现场访谈：了解发生什么事。

（4）还原事件并确认问题：哪些问题与背后的问题。

（5）找出直接原因。

（6）确认根本原因。

（7）制订并执行改善计划。

（8）衡量改善成效。

二、平衡计分卡

1992 年哈佛商学院教授罗伯特·卡普兰等人发明平衡记分卡，有效地解决了“把战略做实的世界性难题”。它的作用不仅体现在：确定战略方向，就组织目标进行沟通，达成一致;把战略变成可实现、可度量的指标，对指标进行排序，保证企业整体和局部的行动与战略目标和年度目标一致；指标的分解、部署、执行、反馈和持续改进。而且它可以向企业高层管理者提供重要的经营管理信息，清晰地记录下企业战略的实现过程，以呈现在企业各层次管理人员面前，以指导企业有效地开展各种经营活动而快速地实现企业长期奋斗目标和远景。

经典的平衡记分卡 (BSC) 是由四个角度组成——财务角度、客户角度、流程角度及学习和发展，用一句比较形象的话来进行表述是：假如企业使用合适、胜任的员工（学习和发展），使员工恰当地做正确的事（流程角度），则会获得客户认可并使客户感到满意（客户角度），那么企业就会获得经营收人和持续发展（财务角度）。平衡记分卡重在平衡，一种综合的平衡、战略的平衡、动态的平衡、增量的平衡。平衡记分卡至少应达到以下几点平衡。

① 财务与非财务之间的平衡。

② 公司短期与长期目标的平衡。

③ 驱动因素与绩效结果的平衡。

④ 四个角度间因果关系的平衡。

平衡记分卡的建立包括以下六个步骤：

一是确定企业的经营战略；二是确定战略主题并形成策略地图；三是开发衡量指标；四是制订要达成衡量指标的行动计划；五是定期的检讨与反馈；六是建立与之适应的激励制度。

三、六西格玛

希腊字母 Sigma 最初是一个统计学概念，表示与平均值的标准偏差。六西格玛质量水平表示在生产或服务过程中有百万次出现缺陷的机会仅出现三、四个缺陷，即达到 99.999 % 的合格率。现实中的问题，往往发现得越早，付出的代价越小，而越晚，则付出的代价越大。质量问题也是如此。据调查，假如某个质量问题在草图设计中被发现，采取措施进行改进的代价是 1 美元的话，那么在产品生产阶段被发现，采取纠正措施进行质量改进的代价就是 100 美元；如果在出厂检验时才被发现，这时采取措施的代价将要花去 10 000 美元；如果是在顾客使用中被发现，甚至在顾客使用中发生了质量事故，这时解决问题的代价可能要达到 10 万甚至百万美元。六西格玛就是在产品 / 流程设计一开始就开始找缺陷，将一切可能的问题消灭在萌芽状态，努力创造一个新的更好的产品 / 流程，此时的预防性改进当然是最经济的做法，这是人们寻觅已久的预防缺陷的方法。

四、头脑风暴

头脑风暴法 (Brain Storming Method) 是一种能够保证群体决策的创造性，提高决策质量的方法。又可分为直接头脑风暴法（通常简称为头脑风暴法）和质疑头脑风暴法（也称反头脑风暴法）。前者是在专家群体决策尽可能激发创造性，产生尽可能多的设想的方法，后者则是对前者提出的设想、方案逐一质疑，分析其现实可行性的方法。

采用头脑风暴法组织群体决策时，要集中有关专家召开专题会议，由主持者以明确的方式向所有参与者阐明问题，说明会议的规则，在融洽轻松的会议气氛中，由专家“自由”提出尽可能多的方案。

头脑风暴法应遵守如下原则：

① 庭外判决原则。对各种意见、方案的评判必须放到最后阶段，此前不能对别人的意见提出批评和评价。认真对待任何一种设想，而不管其是否适当和可行。

② 欢迎各抒己见，自由鸣放。创造一种自由的气氛，激发参加者提出各种不同的想法。

③ 追求数量。意见越多，产生好意见的可能性越大。

④ 探索取长补短和改进办法。除提出自己的意见外，鼓励参加者对他人已经提出的设想进行补充、改进和综合。

五、SWOT 分析法

SWOT 分析法是企业战略管理中比较流行的一种系统分析工具，利用这种方法可以从中找出对自己有利的、值得发扬的因素，以及对自己不利的、如何去避开的东西，发现存在的问题，找出解决办法，并明确以后的发展方向。根据这个分析，可以将问题按轻重缓急分类，明确哪些是目前亟须解决的问题，哪些是可以稍微拖后一点儿的事情，哪些属于战略目标上的障碍，哪些属于战术上的问题。它很有针对性，有利于领导者和管理者在单位的发展上做出较正确的决策和规划。SWOT 四个英文字母代表 Strenths，Weaknesses, Opportunities, Threats。意思分别为:S，强项、优势;W，弱项、劣势;O，机会、机遇;T，威胁、对手。从整体上看，SWOT 可以分为两部分。第一部分为 SW，主要用来分析内部条件；第二部分为 OT，主要用来分析外部条件。另外，每一个单项如 S 又可以分为外部因素和内部因素，这样就可以对情况有一个较完整的概念了。在发达国家，许多公司、医院、政府机构、工厂、学校，不管是营利单位，还是非营利单位，都非常关注本单位的发展。所以，他们经常用这种方法进行分析、研究，有的一季度一次，有的一年一次，有的甚至一两个月一次。因为他们已经习惯了对目前的情况、存在的问题、条件和环境的变化经常进行了解，以期得到较清晰、连续的跟踪，并根据自己的发展目标，做出一套相适应的计划和规范来保证达到目的。他们非常希望知道本单位的市场、产品、顾客、服务等的定位情况。

第三节　品管圈

品管圈 (quality control cirle, QCC)，是同一个工作现场或工作相互关联区域的人员自动自发地进行品质管理活动所组成的小组。该活动可把科学管理和人性管理结合在一起，经营管理目标很容易达成。品管圈活动的特点是被授予一定权力的一个小组，每个都是参与决策和解决问题的机会，其优点是有利于发挥每个人的创造思维，以便达到提高医保质量的目的。

一、品管圈的特点

① 普遍性。人人都可以参加品管圈活动。

② 自愿性。自愿参加为前提，不受行政命令的制约。

③ 目的性。以解决医保管理实际问题为目的。

④ 科学性。品管圈活动遵循规定的工作程序。

⑤ 民主性。参加品管圈的人员可以各抒己见，畅所欲言。

⑥ 改进性。实施品管圈活动要确保某项工作或活动的改进。

⑦ 发展性。品管圈活动在原有目标上不断发展。

⑧ 激励性。员工的工作积极性不断提高，增强医保凝聚力。

二、目标设定

① 明确目标值并和主题一致，目标值尽量要量化。

② 不要设定太多的目标值，最好是一个，最多不超过两个。

③ 目标值应从实际出发，不能太高也不能太低，既有挑战性，又有可行性。

④ 对目标进行可行性分析。

三、原因分析

① 在圈会上确认每一关键项目。

② 针对选定的每一关键项目，运用头脑风暴法展开特性要因分析。

③ 找出影响的主要因素，主要因素要求具体、明确且便于制定改善对策。

④ 会后落实责任人对主要因素进行验证、确认。

⑤ 对于重要原因以分工方式，决定各圈员负责研究、观察、分析，提出对策构想并于下次圈会时提出报告。

⑥ 本阶段使用头脑风暴法和特性要因法。

四、效果确认

① 效果确认分为总体效果及单独效果。

② 每一个对策实施的单独效果，通过合理化建议管理程序验证，由圈长最后总结编制成合理化建议实施绩效报告书，进行效果确认。

③ 对无效的对策需开会研讨决定取消或重新提出新的对策。

④ 总体效果将根据已实施改善对策的数据，使用 QCC 工具（总推移图及层别推移图）用统计数据来判断。改善的经济价值尽量以每年为单位，换算成具体的数值。

⑤ 圈会后应把所绘制的总推移图张贴到现场，并把每天的实绩打点到推移图上。

⑥ 本阶段可使用检查表、推移图、层别图、柏拉图等。

第四节 质量管理新旧七大工具

质量管理工具是在开展质量管理过程中运用到的对数据分析所使用的方法，又称 QC 工具，分为老 QC 七工具和新 QC 七工具。最常用的 QC 工具有排列图、分层法、因果分析图、散布图、直方图、控制图等。质量管理工具是开展持续质量改进工作的基础，熟练使用才能起到事半功倍的效果。

一、质量管理七种老工具

质量管理七种老工具是常用的统计管理方法，又称为初级统计管理方法。它主要包括控制图（管制图）、鱼骨图（因果图）、散布图（相关图）、排列图（帕累托图）、检查表（统计分析表）、层别法、直方图等所谓的老 QC 七工具。每种工具的具体作用是：层别法——分类作解析；排列图——排列抓重点；鱼骨图——鱼骨追原因；检查表——检查集数据；直方图——直方显分布；散布图——散布看相关；控制图——控制找异常。

（一）直方图

直方图是将所收集的数据、特性或结果值，在横轴上用一定的范围区分成几个相等的区间，将各区间内的测定值所出现的次数累积起来的面积，用柱形表示的图形。因此，也可以叫作柱形图，它是质量控制统计方法中的主要工具之一。

1. 直方图的用途

作直方图的目的就是通过观察图的形状，判断工作过程是否稳定，预测工作过程的质量。具体来说，其目的有以下几点：

（1）可以评价工作能力。

（2）调查是否混入两个以上不同群体。

（3）测定分配中心或平均值。

（4）测定分散范围或差异。

（5）计算不良率。

（6）测定有无假数据。

（7）制定规格界限。

2. 直方图的做法

（1）收集数据，数据个数一般为 50 个以上，最少不得少于 30 个。

（2）求极差 XT。

（3）确定分组的组数和组距。

（4）定各组界限。

（5）制作频数分布表。

（6）画直方图。

（7）在直方图的空白区域，记上有关数据的资料，如收集数据的时间、数据个数、平均值、标准差等。

3. 直方图的观察分析

通过直方图形状的观察来分析、判断生产过程的质量状况。

（1）正常型：中间高，两边低，有集中趋势。结论：左右对称分配（常态分

配），显示工作过程正在正常进行。

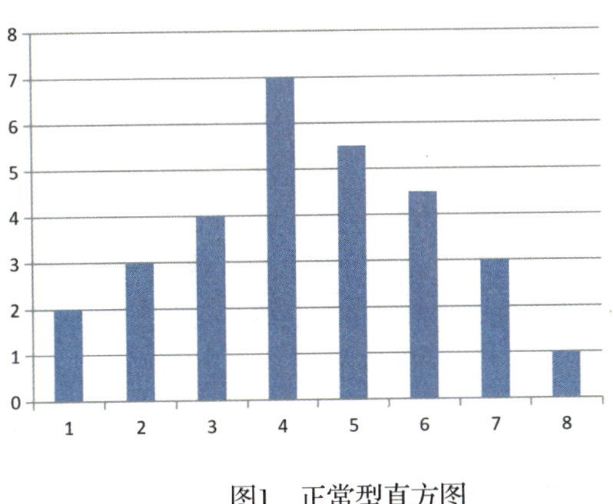

图1　正常型直方图

（2）双峰型：有两个高峰出现。结论：有两种分布相混合，例如两个不同的病区药房有差异时，会出现此种形状，因为测定值受不同的原因影响，应在层别作直方图。

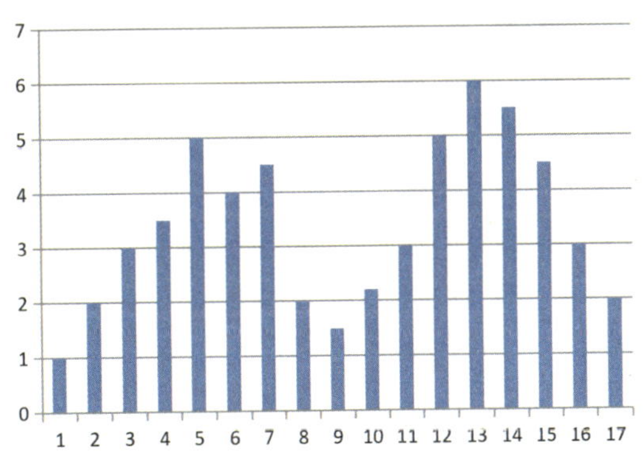

图2　双峰型直方图

（3）缺齿型（凹凸不平型）：高低不一，有缺齿情形。不正常的分配，是由于测定值或换算方法有偏差，次数分配不当所形成。结论：检查人员对测定值有偏好现象，如对5、10数字有偏好，或是假造数据。测量不精确或组数的宽度不是倍数时也有这种情况。

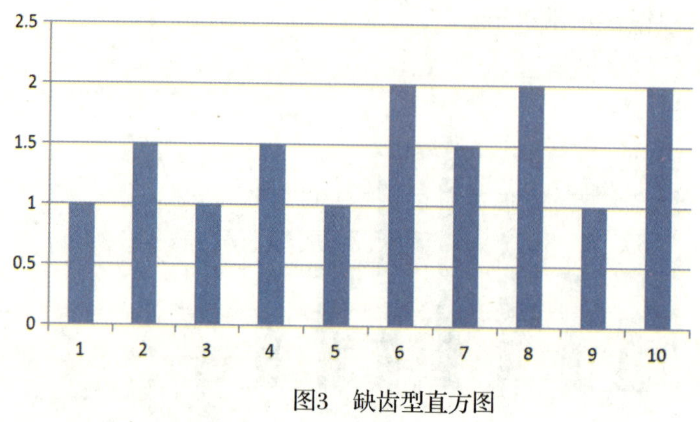

图3　缺齿型直方图

（4）偏态型（偏态分布）：高处偏向一边，另一边低，拖长尾巴。可分为偏右边和偏左边。结论：尾巴拖长时，应检查表格设计是否合理。

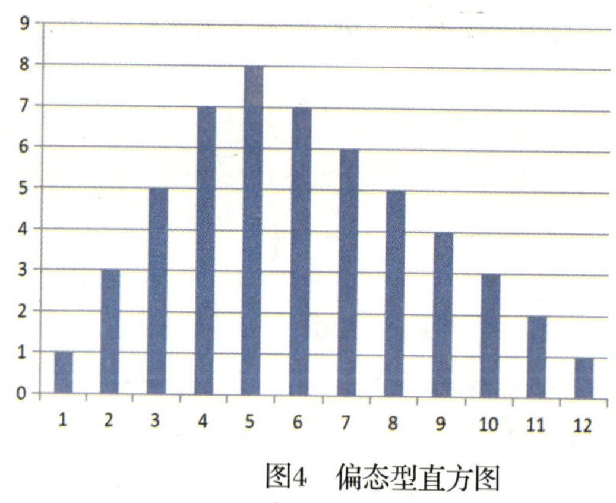

图4　偏态型直方图

（5）离岛型：在右端或左端形成小岛。结论：测定有错误，工作过程错误或使用不同方法所引起。一定有异常原因存在，只要去除异常原因，即可符合要求。

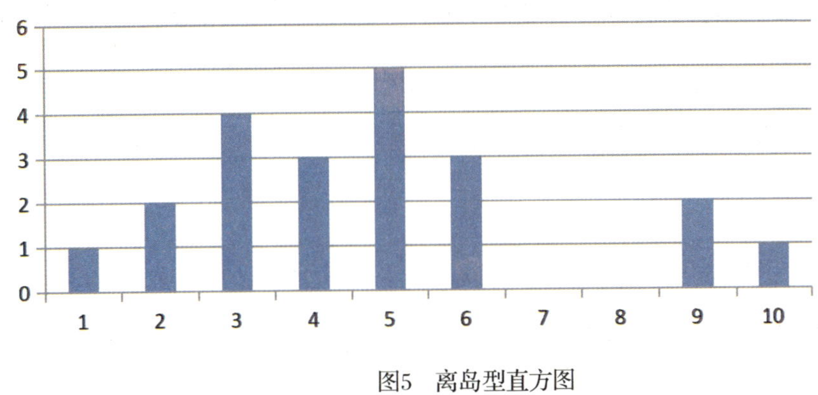

图5 离岛型直方图

（二）层别法

又叫“分类法”“分层法”“分组法”，是所有质量工具中最基本的概念，将收集来的原始数据按照一定的目的和要求加以分类整理，以便比较分析。日本著名质量管理专家石川馨先生曾多次强调“不分层就不能搞质量管理”。

分类原则

同一层内的数据波动幅度尽可能小，层与层之间差别尽可能大。

通常按人、机、料、法、环、时间等作为分类的标志。

人员别：按年龄、工龄、性别等分类。

机器别：按设备型号、新旧程度、不同生产线等分类。

材料别：按产地、批号、供应商、成分等分类。

方法别：按不同的工艺要求、参数、操作方法等分类。

测量别：按测量设备、测量方法、测量人员等分类。

环境别：按照明、温度、湿度等分类。

时间别：按不同的班次、日期等分类。

其他：按地区、使用条件、缺陷部位、不合格等进行分类。

通常分类法要结合直方图、控制图等工具一起使用，分类法的应用步骤如下：

（1）收集数据；

（2）根据不同目的，选择分类标志；

（3）分类；

（4）根据层归类；

（5）画分类直方图或其他统计图表，进一步分析。

使用分类法时应注意：分类应有品质和要因相对应的数字；分类在任何地方都能使用；分类的层与层之间不重叠；所有分类项目的和等于总体。

（三）排列图

任何事物都遵循“少数关键，多数次要”的客观规律。这一规律是由 19 世纪意大利经济学家帕累托最早发现的。帕累托在分析社会财富分布的状况时，发现整个社会 80% 的财富由 20% 的少数人所拥有。帕累托根据这一规律设计出著名的帕累托图。帕累托图又称为排列图。后来美国质量管理大师朱兰将其用于质量管理。事实上，同其他活动一样，质量管理活动也遵循这一客观规律。例如，大多数废品由少数人员造成，大部分设备停顿时间由少数故障原因造成等。

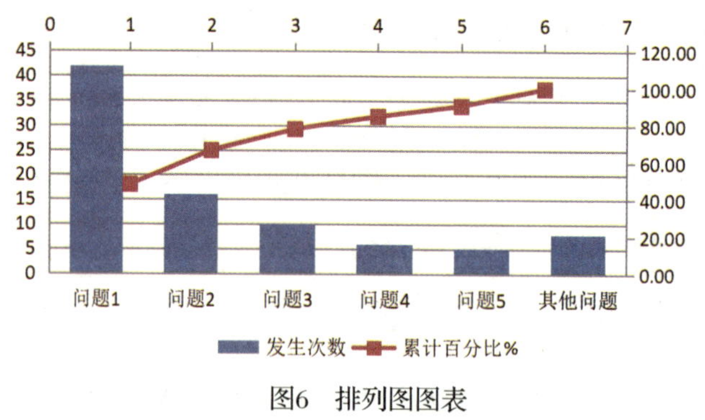

图6　排列图图表

（四）因果图

因果图也称为鱼刺图或石川图，是日本质量管理学者石川馨于 1943 年提出的。因果图以质量特性作为结果，以影响质量的因素作为原因，在它们之间用箭头连接起来表示因果关系。

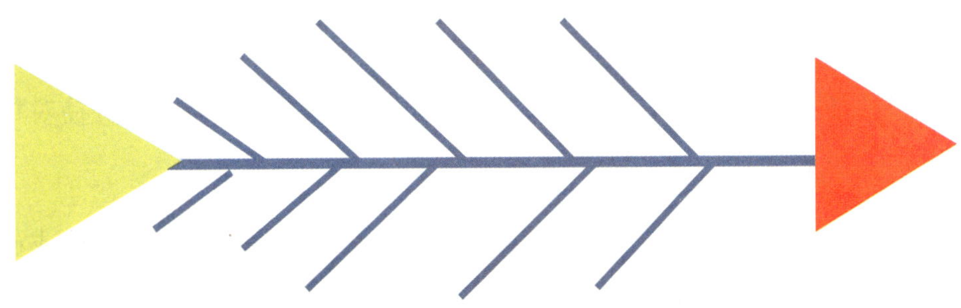

图7 因果图

绘制因果图时常见的问题有如下几点。

① 没有画上箭头记号。

② 因果关系不明确或放入无关联的要因。

③ 要因未追求至真因。

④ 因果图内用词笼统含糊。

⑤ 没有顺位排列观念，没有将“其他”这一项排在最后。

⑥ 主要原因未经确认就以主观的判断来圈选、确定。

⑦ 小要因数量不足或中要因未加以细分成小要因。

（五）检查表

检查表（check list）定义：是在收集数据过程中设计的一种表格，是用来记录医院运营管理事实和分析事实的统计表，它将有关诊疗活动的数据和预定收集的数据系统地加以汇总，以便于对医院运营现况的掌握与了解。

1. 检查表的主要功能

（1）提供一个简明易懂的标准化表格，是用来协助数据收集的工具。

（2）能同时检查多个医疗服务活动。

（3）通过数据的收集，清楚地描绘每个事件的具体情况，而不是医院某个QC 每个组员的个人意见。

（4）医院某个 QC 成员能够查看和记录相同的东西，因此可以促使对每个事件有统一的解释。

（5）记录完毕后可以一目了然地看清整个过程，帮助医院某个 QC 成员迅速掌握问题的所在。

2. 检查表的种类

检查表根据工作的种类或目的可分为记录用检查表和验证用检查表两种。

（1）记录用（或改善用）检查表：主要功用在于根据收集的数据以调查不良项目、不良原因、工序分布、缺陷位置等情形。

（2）验证用（或点检用）检查表：主要功用是为确认作业实施、机械装备的实施情形，或为预防发生不良事故、确保安全时使用。

3. 检查表的做法

（1）明确目的。

（2）解决检查项目。

（3）决定检查方式。

（4）决定检查方法。

（5）设计表格。

（六）散布图

散布图是对两个变量之间关联性的一种描述。图 8 所示是一个散布图的例子。该散布图表明每小时差错数和环境湿度之间存在着正相关，湿度越大差错数越多。反之亦然。相反，负相关则意味着当一种变量减小时，另一种变量增大。反之亦然。两种变量间的相互关联性越高（正的或负的），图中的点越趋于集中在一条直线附近。相反，如果两种变量间很少或没有相关性，那么点将完全散布开来。在图 8 所示的例子中，湿度和差错数间的关联性很强，因为点分布在一条直线附近。

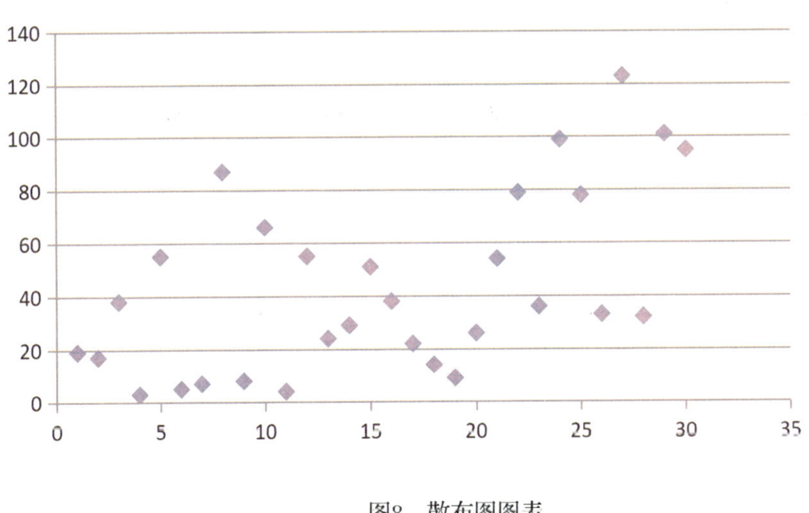

图8 散布图图表

除图 8 所示的两个变量之间的关系外，还有其他一些形态，如图 9 所示。图 9 中，图 9a – 图 9f 分别代表强正相关、正相关、负相关、弱负相关、不相关和非线性相关。

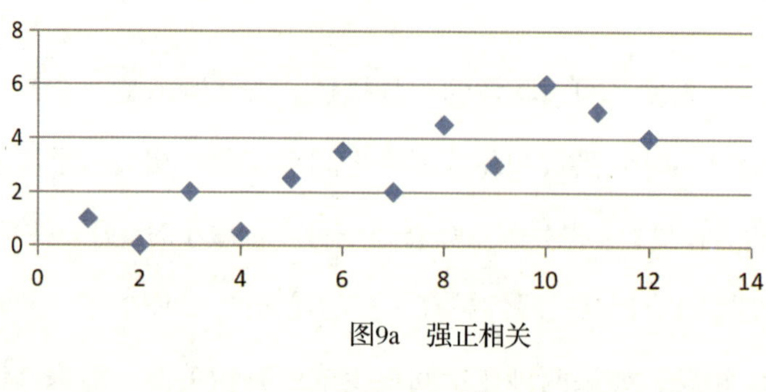

图9a　强正相关

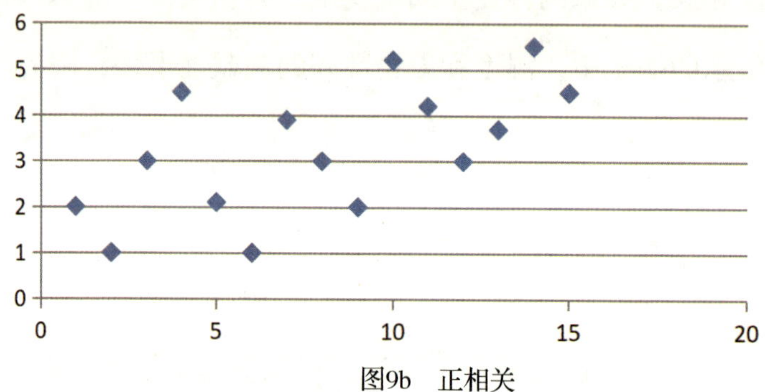

图9b　正相关

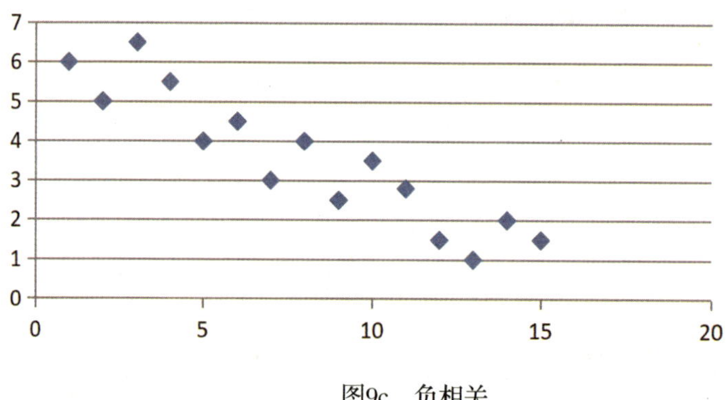

图9c　负相关

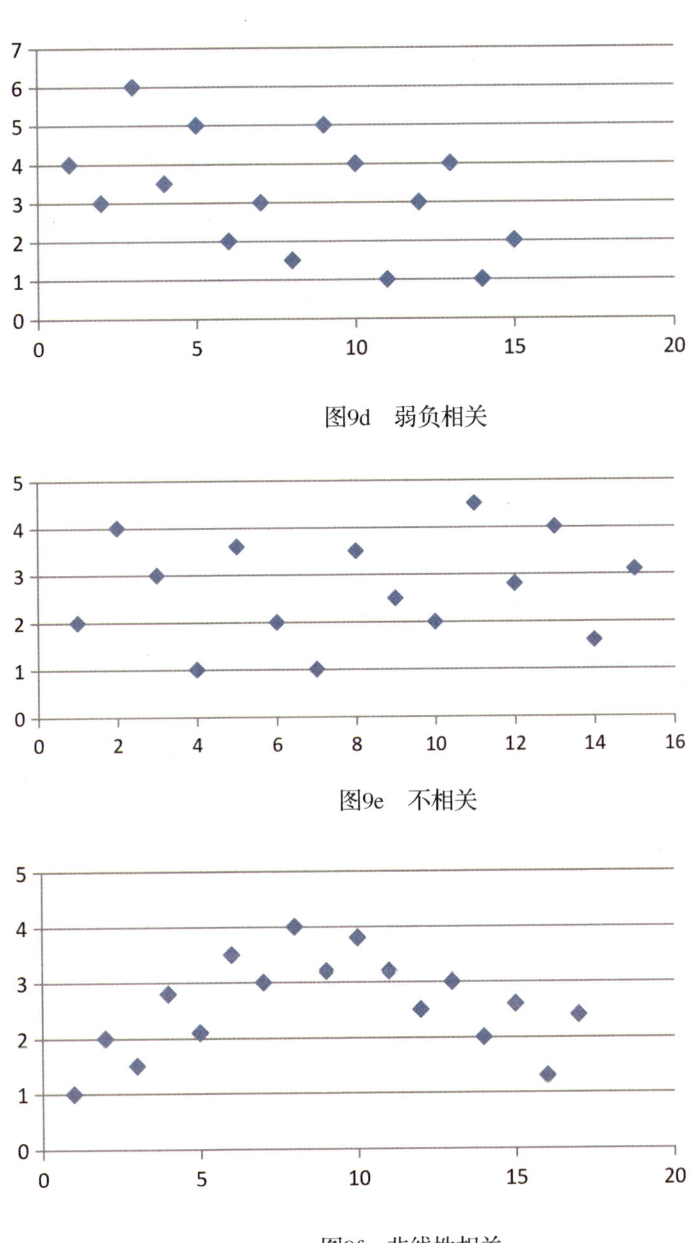

图9d 弱负相关

图9e 不相关

图9f 非线性相关

有时，不便直接控制某一质量特性值。此时，如果通过数据统计分析，发现有另一指标与这一质量特性值相关，就可以通过调整这一可控指标来提高产品或服务质量水平。

散布图的注意事项有如下几点。

（1）是否有异常点：有异常点时，不可任意删除该异常点，除非异常原因已确实掌握。

（2）是否需要层别：数据的获得常常因为操作人员、方法、材料、设备或时间等的不同，而使数据的相关性受到扭曲。

（3）要学会鉴别是否为假相关。

（4）收集到的数据太少时，容易发生误判。

（七）控制图

控制图又叫管理图。它是用来区分由异常原因引起的波动，或是由过程固有的随机原因引起的偶然波动的一种工具。控制图的基本结构是在直角坐标系中画三条平行于横轴的直线，中间一条实线为中心线，上、下两条虚线分别为上、下控制界限。横轴表示按一定时间间隔抽取样本的次序，纵轴表示根据样本计算的、表达某种质量特征的统计量的数值，由相继取得的样本算出的结果，在

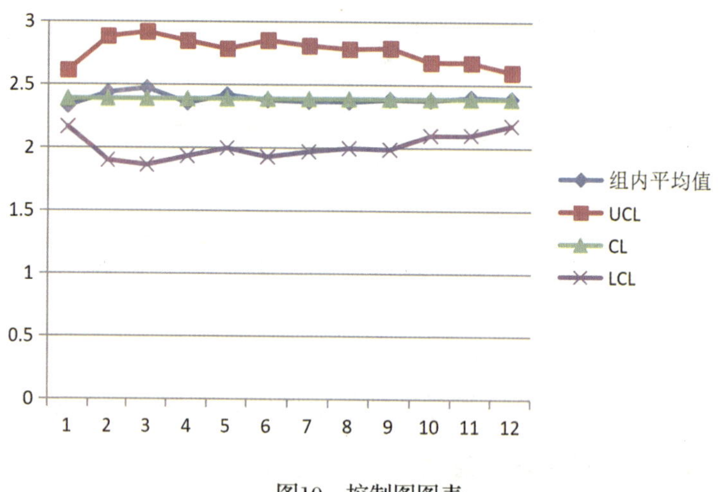

图10　控制图图表

图上标为一连串的点，它们可以用线段连接起来。

1. 控制图的分类

控制图种类很多，一般按数据的性质分为计量值控制图、计数值控制图两大类。

2. 控制图的作用

（1）在质量诊断方面，可以用来度量过程的稳定性，即过程是否处于统计控制状态。

（2）在质量控制方面，可以用来确定什么时候需要对过程加以调整，而什么时候则需使过程保持相应的稳定状态。

（3）在质量改进方面，可以用来确认某过程是否得到了改进。

二、质量管理七种新工具

20 世纪 70 年代末 80 年代初，日本科学技术联盟的“质量管理研究会”，经过多年的研究和实践，提出了“质量管理七种新工具”，它们是关联图法、亲和图法、系统图法、过程决策程序图法、矩阵图法、箭条图法以及矩阵数据分析法。质量管理七种新工具是把统计方法和思考过程结合起来，充分体现 TQM“三全一多样”的思想。七种新工具把语言和数据等信息，用图表的形式表示出来，简洁明了。此外，通过使用这些工具，可以提高人们的思考能力，对问题进行深入、全面的分析研究，逐步接近问题的实质，以便找到解决问题的最佳方案。

质量管理七种新工具主要用于质量计划的制订与实施、新产品开发或服务项目设计、质量保证、成本管理、环境或安全管理等方面。

下面简要介绍质量管理七种新工具的含义和操作步骤。

（一）亲和图（KJ）法

亲和图法也叫 KJ 法，是指将收集到的大量有关某一主题的意见、观点、想法，按照它们之间的亲和性 (affinity) 加以归类、汇总的一种方法。这种方法由日本的川喜田二郎 (Kawaklda Jiro) 首创，故又称 KJ 法。图 11 是亲和图的示例，该图说明了有效开展 QC 小组活动的两个措施。

亲和图主要用于以下几个方面：认识新事物（新问题、新办法）；整理归纳想法创意；从现实出发，采取措施，打破现状；提出新理论，进行根本改造，“脱胎换骨”；统一思想，促进协调。

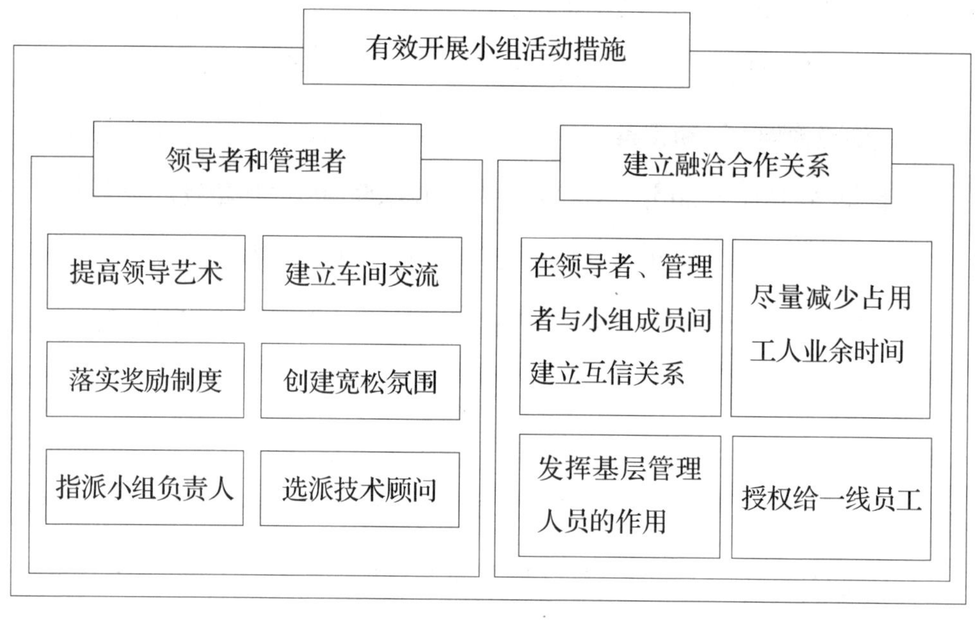

图11　亲和图

（二）矩阵图法

☆：关系紧密 ○：关系一般 △：关系微弱		R			
		R_1	R_2	……	R_n
L	L_1 L_2 ……	☆	△		
	L_n		○		

图12 矩阵图

矩阵图法就是利用矩阵的形式，把与问题有对应关系的各个因素，列成一个矩阵图，根据各因素之间的相关程度寻找解决问题的方法。

矩阵图法可用于确定产品研发或改进的着眼点，确定产品质量问题与原材料、设备、工序、作业人员等的关系，明确顾客需求与技术要求之间的关系等。

（三）系统图法

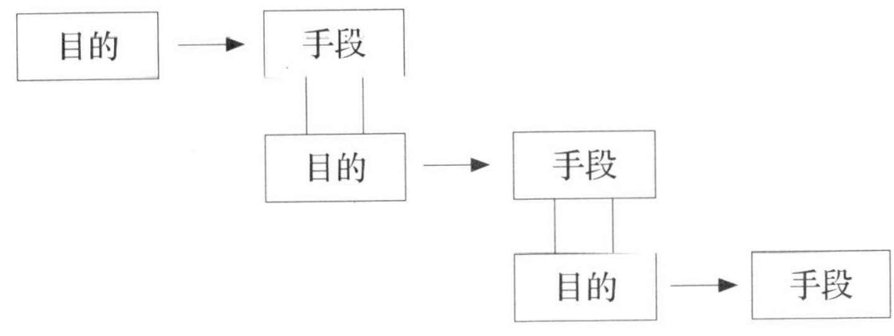

图13 系统图

系统图法也叫树图法，是指为达到预期目的，通过图形的方式，对可能的手段进行系统分析，以探求实现目标的最佳措施或手段的方法。图 13 是一种常见的系统图。

系统图法主要用于以下几方面：在新产品研制开发中，用于设计方案的展开；在质量保证活动中，用于质量保证事项和工序质量分析事项的展开；结合因果图，更为系统地分析所要解决的问题。

系统图法的工作步骤如下：

① 确定目的或目标。

② 提出手段和措施。

③ 评价手段和措施。

④ 绘制系统图。

⑤ 制订实施计划。

（四）关联图法

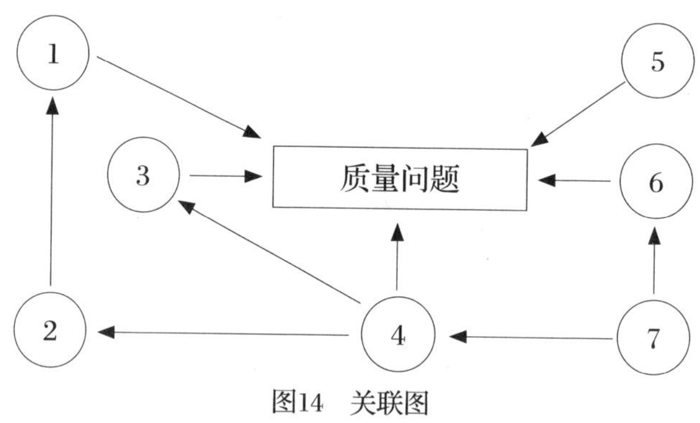

图14　关联图

关联图也叫关系图，是把质量问题按照原因—结果的关系进行展开，逐步找到造成质量问题的根本原因，并找到解决这一质量问题有效手段的图表。在关联图中，用方框代表结果或目的，用圆圈代表原因或手段。

关联图法主要用于质量管理方针和目标的展开、确定 QC 小组活动的项目、过程质量分析和改进、服务质量分析与改善等。

通常按照以下 3 个步骤绘制关联图：

① 确定所要解决的问题。一张关联图只列出一个问题或密切相关的少数几个质量问题，用方框表示。

② 寻找原因。尽可能找到造成这一问题的全部原因，用椭圆表示，并用箭头指向质量问题，再分析造成每一原因发生的因素。例如，在图 14 中，造成质量问题的直接原因有原因 1、原因 3、原因 4、原因 5 和原因 6。原因 7 又是导致原因 4 和原因 6 发生的因素。

③ 确定要因。找到类似于排列图中的少数关键因素，即要因。在关联图中，那些箭头出多进少或者箭头只出不进的原因一般为要因，对初步确定的要因，通过现场调查予以确认。例如，在图 14 中，可初步判定原因 4 和原因 7 为要因。因为，正是原因 7 才导致了原因 4 的发生。而原因 4 不但直接引起质量问题，而且导致原因 2 和原因 3 的发生。而原因 3 是导致质量问题发生的直接原因之一，原因 2 又通过原因 1 引起质量问题。

（五）箭条图法

箭条图法也叫矢线图法（或网络图），它是指把一项工程的作业按照其相互关系和时间顺序用箭条连接起来，以便从全局出发，统筹安排，抓住关键路径，节约资源，按时或提前完成工程计划的一种系统方法。

箭条图法主要用于质量管理工程计划的展开与实施。

箭条图法的步骤如下。

① 分解工程计划。把一项工程计划分解成若干相对独立的作业，可采取工作分解结构的方法来实施。

② 绘制箭条图。根据各项作业的相互关系和时间顺序，由小到大进行编号，并绘制箭条图。

③ 计算作业时间。计算各作业时间的最早开始和最迟开始时间、最迟结束和最早结束时间，并计算其时差，即最迟开始时间与最早开始时间之差，或最迟结束时间与最早结束时间之差。

④ 确定关键路径。关键路径就是时差为零的作业连接起来的路线，一个箭条图中关键路径可能不止一条。

⑤ 向关键路径要进度。把非关键路径上的资源调配到关键路径上，以便按期或提前完成工程计划。

（六）矩阵数据分析法

矩阵数据分析法就是在矩阵图法的基础上，把各因素之间的关系定量化，从而对大量数据进行预测、分析和整理的方法。矩阵数据分析法实质上是一种主成分分析法。

矩阵数据分析法常用于顾客需求预测、竞争对手分析、新产品市场前景调查与预测、工序能力分析与评价等。

矩阵数据分析法包括以下步骤：

① 收集、分析、整理数据资料，绘制矩阵图。

② 计算均值、标准差和相关系数。

③ 根据相关系数矩阵，求特征值和特征向量。

④ 计算贡献率、累积贡献率，确定主成分。

⑤ 根据所确定的主成分，明确工作重点或努力方向。

（七）过程决策程序图法

过程决策程序图法（process decision program chart，PDPC），是指为完成某项任务和目标，在制订行动方案时，预测可能出现的障碍和结果，相应地提出多种应变计划，以达到预期目标的方法。

PDPC 法可用于制订工程项目中的实施计划，对整个系统的重大安全或环境风险进行预测，制定控制和改进工序的有效措施或方案。

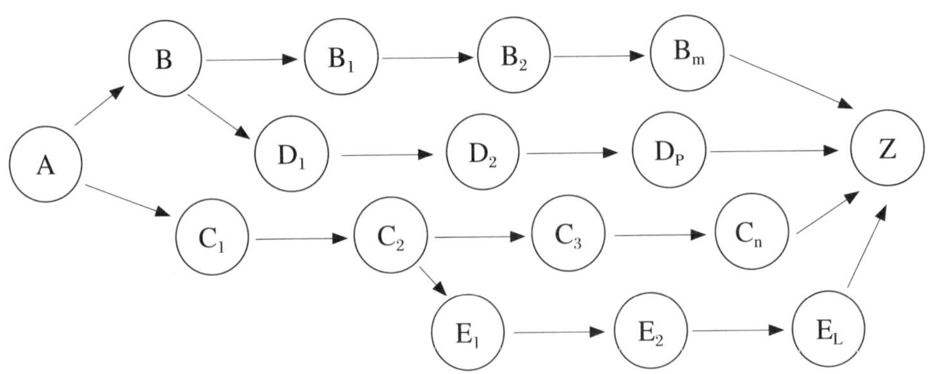

图15　过程决策程序图

第七章 推进医院医保高质量发展的意义与措施

医院医保高质量发展是兴国之道、强国之策，也是一个医院乃至整个医院医保行业管理综合实力和核心竞争力的集中体现。医保质量问题是健康中国发展的战略问题，关系到广大人民群众对美好医保的获得感、幸福感和安全感，涉及广大参保人员的切身利益。中国医院协会医院医疗保险专业委员会，作为医院医保行业社会组织，有责任、有义务担当起新时代党和人民赋予我们的重任，奋力推进新时代医院医保高质量发展。

第一节　落实党中央决策部署的重大意义

中国社会主义建设已进入新时代。经济发展已由高速度发展转变为高质量发展。作为社会保障体系重要内容的中国医保，紧跟时代步伐，适应经济社会发展的需要和水平，则是必须始终坚持的原则。根据党的十九大精神，坚持以人民健康为中心的发展思想，全面建成中国特色社会主义医疗保障体系，奋力推进医院医疗保险高质量发展，不断增强人民的获得感、幸福感、安全感，满足人民日益增长的美好生活和健康福祉需要。这是新时代中国医保改革发展的必然趋势和前进方向，也是新时代中国医院医保高质量发展的根本任务和核心目标。

一、落实党中央决策部署的重要举措

党的十八大以来，质量作为经济社会发展的战略性问题，得到前所未有的高度重视。党的十八大强调“要把经济发展的立足点转到提高质量和效益上来”，国务院《质量发展纲要》提出“建设质量强国”重大战略，从兴国之道、强国之策、发展之基的战略高度部署质量发展工作。习近平总书记要求，提升质量要做到三个转变：“推动中国制造向中国创造转变、中国速度向中国质量转变、中国产品向中国品牌转变。”这些讲话和要求为新时代医院医保高质量发展指明了方向、目标、任务和路径，为我们全面建成多层次社会保障体系、落实好健康中国行动计划、推进医院医保高质量发展提供了基本遵循和行动指南。我们要从健康中国战略和实现中华民族伟大复兴高度深刻理解习近平总书记讲话精神，坚持

以人民健康为中心的发展理念，全面奋力推进新时代医院医保高质量发展，不断增强人民的获得感、幸福感、安全感，满足人民日益增长的美好生活和健康福祉的需要。

二、助力医保高质量体系建设的内在要求

生命健康权是公民享有的最基本的人权。拥有健康生活、健全的医疗保险服务是人民对美好生活的期盼。建设医院医保高质量制度体系，其根本目的是践行以人民为中心的发展思想，不断满足人民日益增长的健康生活需要。我国自“两江”试点以来，特别是自 1998 年建立城镇职工基本医疗保险制度以来，经过 20 多年的发展，目前已经构建起覆盖全民的基本医疗保障网。医疗保险在保障公众健康、减轻患者负担、促进社会进步、稳定经济社会发展大局等方面发挥了巨大作用，已经成为社会稳定的“压舱石”和“减压阀”。

唯物辩证法告诉我们，既要充分肯定成绩，又要深刻认识不足和差距，这样才能助力医保高质量体系建设，这样才能保持不断深化改革的恒心和斗志，一以贯之地将中国医疗保险改革进行到底。20 多年中国医疗保险改革从建立到发展，取得的成绩是巨大的，但只是阶段性的，千万不可估计过高，不要让成绩冲昏头脑。应该看到，现行制度在诸多方面和环节还存在着一些缺陷和弊端，制度应有的功能和优势还没有充分释放出来，医院医保质量还不尽人意，也还没有国家权威部门关于医保质量制度性文件，与人民日益增长的美好生活和享受高质量医保服务还存在较大差距。推进医院医保高质量发展，为参保人员提供高质量、标准化、满意度高的医保服务还有很长的路要走，还要进行一系列制度体系建设，破解一系列难题。中国医院协会医院医保专委会制定的《医院医疗保险质量管理办法》《医院医疗保险质量管理考核细则》，旨在实现医院医

保发展方式从规模速度型向质量效益型转变、发展要素从传统要素向创新要素转变、医保服务从价值链低端向高端转变，推动医院医保从“高速度时代”向“高质量时代”的转变。

三、高质量发展必须坚持以人民为中心

高质量发展是当代中国的时代主题，是党执政兴国的第一要务。党的十九大报告，提出了新时代坚持和发展中国特色社会主义的十四项基本方略，其中非常重要的一条就是“坚持以人民为中心。”把人民对美好生活的向往作为奋斗目标，依靠人民创造伟业。坚持以人民为中心的发展思想，科学回答了当代中国究竟为谁发展、靠谁发展、发展成果由谁享有的基本问题。指明了奋力推进医院医保高质量发展的方向，对于我们更好地树立和落实医保高质量发展理念，为参保人员提供高质量医院医保服务，具有重大意义。

坚持以人民为中心的发展思想，必须准确把握其科学内涵。一是在发展的根本目的上，体现了我们党全心全意为人民服务的根本宗旨。在推进医保高质量过程中，要始终把人民放在心中最高位置，把实现人民幸福作为发展的目的和归宿，牢固树立为人民健康的高质量意识。二是在发展的依靠力量上，体现了人民是推动发展的根本力量的唯物史观。人民是创造历史的动力，推进医保高质量发展是关系亿万参保人员切身利益的事业，我们在任何时候都不要忘记这个基本的道理。要坚持走群众路线，问计于民，遇事与群众商量，自觉做到发扬民主、汇聚民智，充分调动最广大人民的积极性、主动性、创造性。三是在发展目标追求上，体现了医保高质量红利与人民共享。习近平总书记指出：“人民对美好生活的向往，就是我们的奋斗目标。”要坚持共享发展，使人人享有、各得其所，而不是少数人共享、一部分人共享。不仅要把医保高质量做强，还要把医保高质量做精，保障人民的健康权益。

四、推进医保高质量发展是时代命题和历史使命

医保制度经过 20 多年的改革与发展，覆盖城乡全体居民的基本医疗保障制度的框架初步形成。按照官方统计，参保人数达到 13 亿人，保障范围逐步扩大，保障水平不断提高，人民群众基本医疗保障权益得到切实维护，看病就医的公平性、可及性、便利性得到了初步体现。医保改革取得的成就是巨大的，社会各界和广大民众对基本医保的认同度和满意度越来越高，国际社会对中国医保也给予了高度评价，认为中国的“全民医保改革堪称典范”。

把人民对美好生活向往作为时代命题和历史使命，这是习近平总书记在十九大报告中对党提出的要求。人民对新时代医疗保障的向往，就是十九大报告中提出的全面建成中国特色医疗保障体系，使人民在医疗保障方面的获得感、幸福感、安全感更加充实、更有保障、更可持续。中央审时度势果断地提出要加快健全全民医保体系，重点由扩大范围转向提升质量，这是对全民医保的最新认识，是对全民医保面临形势的科学判定，是对医药卫生体制改革特殊规律的准确把握。提高医保质量，是一个具有时代特征和战略意义的总命题、大方略。它是在对既往医保制度建设特别是“十一五”时期医保高速发展进行认真总结和深刻反思的基础上提出来的。其核心要义，就是要从注重“量”的扩张转向注重“质”的提升，所以说它是时代命题。它是对医保发展客观规律有了深刻认识和准确把握的基础上提出来的，只有高质量、高绩效的医保才是全体国民所需要的医保；只有高质量、高绩效的医保才有旺盛的生命力，才可能稳健运行和可持续发展。从这个意义上说，提高医保质量，建设“质量医保”，既是“十二五”期间健全全民医保体系的重点，也是我们做好医保各项工作的出发点和落脚点。

为中国人民谋幸福，为中华民族谋复兴，医院医保质量管理不是旁观者，而是执行者、推进者，不是可有可无，而是大有作为。中国医院医保专委会将不忘初心、牢记使命，坚持守正创新，不断推进医院医保高质量发展，更有利地守护好人民群众病有所医的保障，更有效地支撑人民群众追求美好生活的愿景。

第二节　推进医保高质量发展总体要求

推进医院医保高质量发展是医疗保险事业发展的内生动力和价值取向。医疗保险和一切新生事物一样，是一个从无到有、由小到大、由弱到强、由量变到质变的演进发展过程。经过 20 年改革发展，基本完成了全民医保制度夯基垒土、立柱架梁式改革，基本建立了全民医保制度，使人民有了基本医疗保障之后，必然要向更高层级、更高质量的方向转变和发展。

一、指导思想

以党的十九大精神和习近平新时代中国特色社会主义思想为指导，按照“四个全面”战略布局和党中央、国务院决策部署，牢固树立创新、协调、绿色、开放、共享的发展理念，主动适应和引领医保高质量发展新常态。紧紧围绕“三个转变”重要论述，坚持正确的指导思想和发展理念。自觉用习近平新时代民生思想和社会保障思想武装头脑，统领医院医保高质量发展的各项工作。牢固树立以人民健康为中心的发展理念，这是推进我国医院医保高质量发展的政治灵魂和理论遵循，只有这样，在推进医院医保高质量发展中，不管遇到什么矛盾、困难和干扰，才能心明眼亮不迷向，气定神闲不彷徨，始终坚持坚定正确的政治方向和改革发展的动力。为此，要加快以发展方式转变推进高质量发展，由外延扩张型的高速度发展转变为内涵增效型的高质量发展，由粗放型管理转变为标准化管理，为实现健康中国行动计划提供有力支撑。

二、基本原则

科学化原则：坚持科学发展观是推进医院医保高质量发展的基本原则之一，什么样的发展才是高质量发展？经济学有了概念，性价比相当才是优质。通俗地说，性价比相当的质量就是医院医保发展的高质量。对于参保人员来说，并不是质量越高越好，也不是价格越低越好，而是价格和质量要相当，即物有所值，这才是广大参保人员最看重的质量。这便是推进医院医保高质量发展的价值取向。并非要追求所谓质量越高越好，价格越低越好的不科学、不切实际的“高质量”。

制度化原则：邓小平同志讲，制度是具有根本性、全局性、稳定性、连续性的，是比较靠得住的。实践一再证明，做好医保管理工作，让医疗保险事业可持续发展，根本在制度，出路在改革。加强规章制度建设，有利于提高医保管理水平。规章制度具有行政法规性和约束力，以统一的规定和程序来规范医保从业人员服务行为，统一思想、步调一致，保证医保高质量发展沿着正确的轨道前进，实现管理目标。好的工作制度还可以培养医保从业人员优良的工作作风和良好的职业素养，是医院医保管理规范化、系统化和提高工作效率的保障。

标准化原则：医院医疗保险服务是新时代政府公共服务的组成部分，是建设服务型政府的重要内容。新时代要满足人民对美好医疗保险服务的需要，医院医保服务就必须实现由经济型服务向标准化服务转变。中国医院协会医保专委会将制定《全国医院医疗保险服务标准》，统一设施配备配置，统一服务形象，统一服务标识，统一服务流程，统一服务用语，不断提高医院医保服务标准化水平。让参保人员在全国每所医院都可以享受同样高水平的医保服务。

法治化原则：众所周知，法律是党的路线、方针、政策的国家意志化，政策对国家的法律具有超前的指导作用，而国家的法律对新的政策制定又有规范作用。当今社会是“法治社会”，我国已进入了中国特色社会主义新时代，依法治国、以德治国的法治思想已深入到社会的各个领域，在新时代推进医院医保高质量发展的进程中，医保从业人员更应该学习国家的宪法、法规来增强法律意识，强化法治建设，这既是新时代中国特色社会主义民主建设需要，也是我们推进医院医保高质量发展的有力保障。

三、发展模式

以国务院《质量发展纲要》为依据，贯彻落实《医院医疗保险质量管理方法》和《医院医疗保险质量管理考核细则》，以提高医保质量和效益为中心，以质量提升、标准引领、树立典型、考核评估四大质量工程为抓手，着力解决推进医保高质量发展中的突出问题，抓住新时代推进高质量发展的有力时机，塑造医院医保优质服务美好形象，为健康中国行动提供有力支撑。

一是以提高医保质量和效益为中心。党的十八届五中全会把“以提高发展质量和效益为中心”作为“十三五”时期我国发展的指导思想。我们必须把思维方式、工作方法、政策措施切实转到以提高质量和效益为中心上来，紧紧围绕质量和效益定目标、出制度，更加注重医院效益、医保效益、民生效益。

二是推行医院医疗保险服务标准化。认真落实《国务院深化标准化工作改革方案》《国家标准化体系建设发展规划（2016–2020 年）》，加强医保服务标准化发展战略前沿技术研究，增强医院医保服务标准的话语权和影响力。深化与“一带一路”沿线国家和地区标准化合作。

三是完善质量安全风险管理工作机制。制定覆盖风险信息管理、风险监测、风险评估、风险处置等环节的医保质量安全风险监控工作机制，提升风险防范和应急处置能力。

四是弘扬先进医保质量文化。围绕弘扬社会主义核心价值观，开展医保诚信教育,推动医保从业人员提升医保质量诚信意识。鼓励各医院采用“互联网+”等现代化信息技术手段，建立医保质量主题沙龙、医保质量文化长廊、医保质量读书演讲等文化载体和平台，努力形成体现新时代特征、地区特色和行业特点的医保质量精神和医保质量文化，不断提升医院医保全行业质量文化软实力。

四、制度体系

制度是国家、企业和组织等在不同领域不同层面的规则、规范、规矩，制度就是节制各种组织和人员的行为尺度。常言说得好:“没有规矩不成方圆”。如果没有一个好的制度，行为就会失范、失序，社会就要乱套而“不成体统”。古人讲:“凡将立国，制度不可不察也，法治不可不慎也，国务不可不谨也，事本不可不转也”“君子务本，本立而道生”。意思就是，治理国家要紧紧抓住制度建设这个根本，制度这个根本建立起来了，治理原则、治理办法等“道”也就会有了。以习近平同志为核心的党中央高度重视制度建设。党的十八大以后开创性地提出了要按照“于法周延，于是简便”的原则，健全完善制度体系的崭新概念及要求。强调各项制度之间既要相互贯通、相互衔接、相互配合，又要便于操作实施，使相关制度之间形成相互借力、相互推动的良性关系。这些都是极富创新意义和时代意义的制度建设新论，也是习近平新时代中国特色社会主义思想的重要内容。这些重要思想，是我们全面建设中国特色医保制度体系的政治灵魂、理论遵循、思想引擎和精神支柱。中国医院医保专委会贯彻落实习近平总书记提出的高质量发展的科学论断，制定了《医院医疗保险质量管理办法》《医院医疗保险质量管理办法考核细则》《全国医院医保服务标准》和《医院医疗保险质量管理制度汇编》等一系列医保高质量发展制度文件。旨在全国建成中国特色高质量医疗保障体系，建设一个符合中国国情、能够保障全国人民基本医疗需求的高质量医保制度。

第三节　推进医院医保高质量发展重点工作

深刻认识和准确把握医院医保高质量发展的基本内涵，才能增强推进医院医疗保险高质量发展的自觉性、主动性，避免盲目性、随意性。厘清医院医疗保险发展基本思路和重点工作，才能把握好推进医院医疗保险高质量发展的基本方略和着力点。

一、落实《医院医疗保险质量管理办法》

医院医保高质量发展，不仅是一个内涵丰富的时代命题，更是新时代医院医保从业人员的历史担当。要提高政治站位，主动担当作为，把落实好《医院医疗保险质量管理办法》作为重要工作来抓。各级各类医院领导要从思想上、认识上、组织上高度重视医保质量工作，全员发动、全面贯彻落实质量管理办法。采取不同方式，利用各种机会对全体人员进行宣贯，使质量管理办法深入人心。院长是医保质量管理第一责任人，科室主任是本科室医保质量管理第一责任人，医保办公室要承担起组织、宣传、考核、督导的具体责任。树立全面医保质量管理意识，增强医保质量执行力度，营造医保质量氛围，提升医保服务质量。通过我们的不懈努力，把医院医保质量的各个环节抓好、抓实、抓出成效。

二、提升全行业质量管理意识

新时代医保改革发展的逻辑方法和战略目标是坚持以人民健康为中心，由高速度发展转向高质量发展。一分部署，九分落实。医院医保服务是为全国广大参保人员服务的窗口，直接承担面对面为民服务的职责。医保服务的质量好与不好，直接影响着整个医院医保服务行业的声誉。参保人员的获得感既来自医疗技术水平的逐步提高，也来自医保服务质量的提升。全国医院医保从业人员要牢固树立“百年大计、质量第一”的理念，不断增强全行业医保质量意识。要善于学习，勤于思考。医院医保从业人员质量管理知识掌握得少，质量原理、质量方法、质量工具应用得也不多。我们不懂的、没有掌握的新知识、新方法、新理念就需要我们去学习掌握。一花独放不是春，百花齐放春满园。只有我们医院医保行业整体质量意识和质量水平提高，才能进一步满足全国参保人员对美好医保服务的需要。

三、严格执行《质量管理考核细则》

中国医院协会医保专委会制定了《医院医保质量管理考核细则》，这是医院医保高质量发展制度体系配套文件。医保办的同志要对标对表，严格按照考核细则逐条逐项组织实施。要求做到质量面前人人有责，落实细则人人守则，不走过场，不做表面文章，严格管理，严格要求。落实医保办公室的主体责任，提高医保从业人员持续改进医保质量内生动力和外在压力，全面落实医保质量终身责任制。顺应今后医保政策管理的要求，融数据上传、待遇审核、异地就医、基金支付、结算管理、反欺诈骗保等职责为一体。并在实践中不断完善考核细则内容，要将那些原则性要求、指导性意见转化为可量化、可操作、可检查的技术标准和管理规范，由跟着感觉走转变为按照标准办，让医保质量管理在工作中生根开花，结出丰硕成果。

四、培育典范，推行标杆引领

先进典型引路，走在前列，干在实处。以优秀个人示范、先进团队引路激励医院医保从业人员胜任力提升、奋发向上是有效的管理方法。《论语•里仁》曰："见贤思齐焉，见不贤而内省也"。这一方法的切入点在增强能力、关键点在联系实际、着力点在树立典型、落脚点在激励一片。只有这样，才能形成岗位在身边、身边有模范、模范在示范、示范带一片的良性循环。推进医院医保高质量发展需要典型示范和标杆引领，在全行业形成学习先进，赶超先进，比、学、赶、超、帮的良好局面。标杆引领是一种辨别典型医院、好的医院实践经验并进行学习的过程，通过辨别行业内最佳医院医保质量业绩及其实践途径，其他医院可以借鉴制定业绩评估标准，然后对其业绩进行评估，同时制定相应的改善措施。开展质量标杆引领、典型示范、质量对比、满意度提升等行动，不断提升医保高质量发展目标。鼓励各医院开展 QC 小组（质量管理小组）、质量信得过班组和小发明、小创造等活动。组织开展跨地区跨类别医院医保质量现场考核、质量标杆经验交流活动，都具有催人奋进的引领效果。广泛宣传医保质量管理先进典型、先进个人的事迹。塑造精益求精追求质量的"工匠精神"，培育有质量精神、有专业素养、责任心强的医院医保职业队伍。

幸福都是奋斗出来的，奋斗是每个人应有的状态。新时代的医院医保需要每个人以榜样为引领，爱国、奋斗、奉献，为推进新时代医院医保高质量发展谱写新的篇章。

第四节 培育造就医疗保险高质量人才队伍

医保政策和制度都是通过医院医保从业人员服务来实现的。人是第一要素，医保从业人员的综合素质高与低是推进医院医保高质量发展关键所在。这就需要培养和造就一大批政治上可靠、业务上过硬、胜任力较强、医保事业后继有人的医院医保人才队伍。

一、医保人才的内涵

人才的内涵主要包括临床型人才、科研型人才、管理型人才、复合型人才这四类。医保管理是一项政策性很强的工作，涉及国家层面政策、省级医保政策、地市级相关政策。业务范围包括政策执行、费用审核、基金管理、异地就医、门诊特殊病种、日间手术、按病种付费等内容。这就对医保从业人员的综合素养提出了更高要求。医保从业人员属于复合型人才，需要在政策解读、团队合作、沟通协调、行政管理等方面具有较强的能力，是医院可持续发展的保障，在新时代全面医保制度下复合型医保人才对医院的生存和发展显得尤为重要。

二、医保人才队伍建设的重要性

医保具有“三分政策”“七分管理”的特质，医保发展的质量、基金的安全和使用效率、医保人员的关切度与满意度等相当程度上都取决于科学化、标准化、人性化和有温度的医保服务管理。但根本的起决定作用的是人，是高质量医保人才队伍。因此，要把医保人才的培训和建设提上优先议程，培养造就一大批政治立场坚定、业务精益求精、胜任医保管理，能力较强、能吃苦肯奉献的医保高质量人才队伍，显得尤为重要。要把医院医保从业人员的政治思想和热爱祖国教育放在首位。要在提高医院医保人才队伍的政治素养、职业精神、专业知识、法治观念等方面作为教育培养的重点来抓，切实抓紧、抓好、抓出成效，这样才能确保医院医保高质量可持续发展。

三、医保人才队伍建设的主要途径

新时代医院医保面临前所未有的机遇和挑战。人才是医院医保最核心的竞争力，加强人才队伍建设的重要性显得更加突出。

一要创新人才引进思路，合理引进人才。引进人才是医保人才队伍建设的有效手段。因此，要扩大人才引进途径，多渠道、多形式引进人才。确立“不求所有，但求所用，更求所为”的新理念，营造更加开放的用人环境，对特别优秀的人才，要打破常规，为其解决实际问题，尽快实现人才资源转化并开展工作。真正实现人才“引得进，留得住，用得好”的目标。

二要重视医院内部资源，精心培养人才。医院从内部培养人才可以鼓舞士气，提高工作热情，降低人才流失。一方面，对内部员工的培养可以采取“走出去，请进来”的模式，瞄准国际、国内医保管理高精尖领域，有计划、有针对性地选拔业务骨干、后备人才参加国内外的各种业务培训、进修学习和学术交流，拓展思路，提升医保业务水平。另一方面，鼓励现有的中、青年后备人才，通过继续教育等形式，努力提升自身的学历层次和业务水平。

三要做好政策支撑。建立科学合理的医保人才考评体系和有效的激励机制，不断完善医保从业人员胜任力模型研究和培训，设立人才发展专项资金，用于医保人才的引进、培养、激励及宣传、服务等方面。

四要加强舆论宣传。要营造有利于医保人才发展的舆论氛围，形成关心人才工作、支持人才工作、共同推进人才工作的良好局面，创造有利于人才成长成才、创新创业、心情舒畅的工作环境。

五要做好服务保障。要建立健全人才服务机制，在第一时间解决优秀人才在工作、学习、生活等方面的实际困难，解除后顾之忧。让优秀人才能够全身心地投入工作，最大限度地开发个人潜能，创造社会财富。

四、医院医保人才队伍建设需要注意的几个问题

第一，既要重视外部引进，也要重视内部人才的培养。在实践中不少医院曾出现过“引进”女婿，气走“儿子”的现象。如果片面地重视外部引进，忽视内部后备人才的培养，将会挫伤内部员工的感情和工作积极性，也不利于人才梯队建设。

第二，既要重视动手能力的培养，也要重视科研能力的培养。医院医保服务需要动手能力为参保人员服务，同时，也需要科研能力来提升医保理论创新。目前，医院医保学术研究非常贫乏，不够系统，更不够深入。应急式、晋升职称单项式的研究有一些，整体性、前瞻性、战略性的研究相对很少。只有产出高质量的医保研究成果，才能更好助力医院医保高质量发展。

第三，既要重视业务骨干的培养，也要重视行政管理人才的培养。业务骨干直接创造了医院的各项效益，行政管理对效益的贡献是间接的，对行政管理人员的培养很容易被忽视。医保行政管理人才是医保改革中的重要组成部分，是国家医保政策的具体执行者，也是医院医保改革的组织实施者。先进的医保管理理念和好的方法，可以促进医院效益和社会效益的稳步提高。所以讲，既要重视业务骨干人才，也要重视行政管理人才的培养。

第四，既要重视人才培养，也要重视思想作风建设。医院在加强人才队伍建设的同时，一定要把人才队伍的思想建设摆到重要位置上来。对医保人才培养中出现的问题不迁就、不纵容。要及时指出，正面教育，积极引导，以真正体现对医保人才的爱护。通过各种方式，弘扬爱国主义和甘于奉献精神，坚持行业自律和职业道德建设，不断提升医院医保人才的综合素质。

推进医院医疗保险高质量发展是党和人民赋予中国医院协会医保专委会的神圣任务和历史使命。医保专委会在推进医保高质量发展的进程中，必须正视医保从业人员对医保质量缺乏常识、缺少意识的盲点、盲区的现实。《新时代医院医疗保险质量管理概论》一书，就是以学习的方式释疑解惑，提高医院医保从业人员的质量修养，增强对质量的认同感和参与度，真正形成人人参与，人人尽力，共建共享的格局。只有这样，中国医疗保险事业才能实现高质量持续健康发展。

附录一

全国医院医疗保险服务规范（试行）

第一章　总　则

第一条　为进一步规范医院的医疗保险管理和服务工作，建立和完善医院医疗保险工作制度和管理机制，实现医院医疗保险管理的制度化、规范化、程序化，促进医疗保险事业与医疗卫生事业的和谐、健康、可持续发展，提升并指导各级各类医疗机构的医疗保险内涵质量建设和服务水平，根据《中华人民共和国社会保险法》及相关文件，制定本规范。

第二条　本规范是指在我国现有医疗保障制度下，为保障医疗保险事业和医疗卫生事业的健康发展，为维护医、保、患三方权益所制定的各级各类医疗机构的医疗保险工作管理、服务规范，不涉及医疗保险经办管理机构。

第三条　本规范适用于各级各类医疗保险定点医疗机构，包括各级各类非医疗保险定点医疗机构、社区医疗服务中心（站）及其他医疗服务机构。

第二章　组织管理

第四条　机构设置

（一）定点医疗机构应建立健全医疗保险管理体系，成立由院领导负责的医疗保险管理委员会，形成医院、主管部门、科室三级医疗保险管理网络；应设立与医疗保险管理任务相适应的、与本单位医疗行政管理部门相平行的、独立的医疗保险管理部门。

（二）医保管理部门人员配备应按照每100床比1的比例配置专（兼）职管理人员，低于100床位以下的医疗机构最少配备1名管理人员。医疗机构要积极组织管理人员参加全国医院医保从业人员胜任力培训，为职业资格认证打下基础；有计划组织医保从业人员参加继续教育。优先选用具有医学或公共卫生管理专业人员入职工作。

第五条　加强信息建设，强化信息建设在医疗保险管理中的作用，加大医院对医疗保险管理信息化的投入。强化大数据观念，充分利用现代数字化手段为领导决策提供依据。

第六条　定点医疗机构医疗保险管理部门职责

（一）健全规章制度　根据国家和所在省市或地区的医疗保险法规、政策，建立和完善本单位医疗保险管理工作的规章制度，形成奖惩并重的管理机制；制定参保人员就医流程及服务规范，并不断完善、持续改进。

（二）制订工作计划　根据医疗保险经办机构的管理要求和服务协议，结合本单位的具体情况制订医疗保险管理计划，并对医疗保险政策和管理规定执行情况进行监督、检查和考核，及时进行总结和改进。

（三）组织宣传培训　制订宣传培训工作计划，对内部工作人员进行政策培训和操作培训，配合医疗保险经办机构对参保人员进行医疗保险政策宣传和教育，认真做好医疗保险政策咨询、问题解答等工作，积极引导参保人员按政策有序就医。

（四）沟通协调工作　负责与医疗保险经办机构进行工作沟通和协调；负责与医院职能科室及其他业务科室沟通和协调；负责与异地医保经办机构就异地就医管理问题进行沟通和协调。

（五）质量管理控制　定期对医保质量和医保数据进行分析、评估、总结，加强对医保管理质量的控制，及时进行通报和点评，提出改进措施，落实奖惩规定。以临床诊疗规范及卫生经济学证据为抓手，监督医疗质量和医保费用相关情况，不断提高医保管理质量和管理水平。

（六）医保费用分析　及时分析医疗费用使用的合理性，并提出对合理检查、合理用药、合理治疗及合理收费的改进意见，减少医保费用核减；负责医保患者门诊、住院费用的全院性指导、协调、审核；负责医疗保险费用统计、分析、申报；督促落实医保费用按期拨付。

（七）医保资质准入　负责医疗保险各类项目审批和备案，办理药品、物价、材料等医保资质准入及申报。

第三章　制度管理

第七条　工作会议制度　至少每半年召开一次医保工作会议（应由院领导主持），内容包括工作计划的落实情况、医保政策的宣传培训情况、费用审核中存在的问题、信息系统运行情况以及其他相关工作情况等，要分析存在的问题及原因，提出具体的改进意见或建议。会议内容要记录，形成会议纪要。

第八条　专题会议制度　针对医保工作中的某一专项任务或主题，联合院内相关部门研究具体工作，破解工作中的疑点和难点。专题会议适时召开。会议内容要记录，形成会议纪要。

第九条　工作通报制度　要建立医保工作通报制度，通报内容包括医保工作的总体方案、年度重点工作、阶段性工作进度、医保管理指标完成情况、医保管理工作中存在的问题和注意的事项、医保新政策及新规定或新动态等。通报形式包括：院周会、中层干部会、医院局域网络、公示栏、简报等多种形式。

第十条　宣传培训制度　要有计划地对工作人员（包括新入职员工、进修生、研究生、实习生等）进行医保政策的宣传和培训，并将培训内容纳入继续教育范畴。做到有计划、有内容、有实施、有讲评；医院要悬挂医保政策宣传板，利用院内平面及网络媒体等多种形式，有针对性地宣传和介绍医疗保险政策、医疗费用支付规定、费用报销流程等内容。

第十一条　成本管理制度　医保基金的使用要建立在合理的基础之上，医院要从卫生经济学角度，对医疗成本进行管理，有效控制医疗运营成本。协助医院医疗质量管理部门、卫生经济管理部门降低医疗运营成本，树立全员成本管理意识，做好成本管理工作。合理控制不同类型疾病转诊率（含异地就医转诊率），控制不合理医疗费用。

第十二条　信息管理制度

（一）医院信息管理部门要有专人负责保障医保信息安全、畅通工作。医保信息系统升级后要认真测试、检查和维护，确保系统安全稳定运行。要制定切实可行的医保信息系统应急预案，保证网络故障时及时应对。

（二）定点医疗机构要制定加强信息管理的相关规定，严格操作规程，确保信息系统的安全性、可靠性和准确性。上传信息应及时、准确、完整，与病案内容一致。对上传的错误信息应及时修正，无法修正的应及时与医保经办机构沟通并予以解决。

第十三条　费用管理制度　医疗保险费用数据要有专人管理，及时、准确、完整地进行费用数据统计分析，及时核对费用支付情况。对于异常数据要追查原因并及时采取相应措施，遇有重大问题及时报告。对于拒付费用要认真分析原因、及时整改，并严格落实奖惩；如有不合理拒付要及时与医疗保险经办机构进行沟通或申诉，争取给予补支。

第十四条　危机管理制度　各级各类医疗机构应成立危机管理领导小组，将有关职能部门都纳入进来。制定危机处理预案，媒体应对预案、危机后管理等行动方案。最大限度减少危机造成的损失和不良影响，重塑医疗机构的社会形象。

第四章　流程管理

第十五条　定点医疗机构要明确指示医保管理部门的具体位置，医保管理部门的标识要醒目。

第十六条　要公示常见医疗保险管理（或审批）事项的工作流程，如特种病的申请、审批流程，实名制就医和委托取药的管理规定等。

第十七条　定点医疗机构要设立专门的服务场所或服务窗口，安排专门的工作人员进行医保事务咨询、医疗费用核实、医保服务投诉、医保工作接待等工作，有关事项做好记录。

第十八条　定点医疗机构从事医保咨询工作人员要服装整洁、仪态端庄、服务规范、语言文明，要知晓医保政策、熟悉支付规定、了解医疗流程，能够根据相关管理规定妥善处理医、保、患三方关系。

第十九条　定点医疗机构要做好医疗保险文件、业务资料及内部资料的收集、整理、归档和保管工作。各临床科室需建立专用医保管理文件夹，及时增补、更新医保政策文件，以满足医务人员医保政策查询、学习需要。

第二十条　定点医疗机构应设专人负责医疗保险药品、诊疗项目、服务设施等目录库的医保对照、信息维护、数据管理及新项目的申报工作，明确责任，便于监督和控制。

第二十一条　定点医疗机构应按当地医保经办机构的管理要求及时结算并申报医疗费用。协助医保经办机构对于参保人员（含异地就医人员）所发生有疑义的医疗费用进行复核，防止骗保或套取医疗费用情况的发生。

第二十二条　定点医疗机构的门诊和住院信息工作站应符合医疗保险信息管理的要求。医院应为相关部门配备相应的硬件设施，如：计算机、读卡器等，确保医保数据上传通畅，医保结算顺利；医院应为医保办公室配备电话、传真机、复印机、打印机、扫描仪等必需办公设备，以满足医保日常工作需要。操作员必须各自设置操作密码，保证信息安全。

第五章　考核管理

第二十三条　定点医疗机构每年按照人事部门考核管理规定，对医保管理人员的工作业绩、服务质量、学习培训等进行量化考核，提升医院医保管理及服务水平。

第二十四条　定点医疗机构要建立由医疗保险管理委员会牵头，各相关部门联动的医保质量联合管理考核机构，定期进行医保管理质量考核，规范医保服务流程，调动医疗机构工作人员贯彻执行医保政策的积极性、主动性和参与性。

第二十五条　建立月、季、年度医保考核管理反馈制度，考核结果在院内进行公示。

第六章　廉洁自律

第二十六条　医保管理人员应热爱医疗保险事业，努力学习医疗保险政策及相应知识，坚持原则、爱岗敬业、尽责尽职为参保患者服务。

第二十七条　定点医疗机构应重视廉政文化建设和廉政教育，重视廉政工作，发现廉政问题及时预警、及时处理。

第二十八条　应制定医疗保险工作廉洁自律、诚信服务守则。将廉洁自律、诚信服务纳入年终考核范畴，与选用干部、评先选优、工作绩效挂钩。严格执行医保管理规章制度，以制度管人、按制度办事。

第二十九条　医疗保险管理部门应指定专人保管公章，严格公章使用管理规定，避免乱用、滥用、不规范使用的现象发生。

第三十条　定点医疗机构应客观、公正、科学地制定切合实际的医疗保险管理指标，防止“暗箱操作或私自授受”问题的发生。

第三十一条　在处理与拒付费用相关的科室或个人时，应做到事前告知、有效沟通、惩处有据、奖惩适度、公平公正。拒付费用的处理不应仅仅停留在对科室或个人惩罚的层面，还应体现在相应的管理考核中，以强化各项医疗保险政策的落实与执行。

第三十二条　设立医疗保险管理奖励款应遵循“公开、透明”的原则，严格执行相关使用管理规定，不得违规使用、变相使用或乱用。

第三十三条　廉政管理的全过程应置于社会舆论和群众的监督之下，接受社会各界的举报、监督，接受行业组织的监督和指导。

第七章　附　则

第三十四条　本规范从二〇一五年一月十五日起实施，望各医院遵照执行。

第三十五条　本规范由中国医院协会医院医疗保险管理专业委员会负责解释。

附录二

医疗机构从业人员行为规范

第一章　总 则

第一条　为规范医疗机构从业人员行为，根据医疗卫生有关法律法规、规章制度，结合医疗机构实际，制定本规范。

第二条　本规范适用于各级各类医疗机构内所有从业人员，包括：

（一）管理人员。指在医疗机构及其内设各部门、科室从事计划、组织、协调、控制、决策等管理工作的人员。

（二）医师。指依法取得执业医师、执业助理医师资格，经注册在医疗机构从事医疗、预防、保健等工作的人员。

（三）护士。指经执业注册取得护士执业证书，依法在医疗机构从事护理工作的人员。

（四）药学技术人员。指依法经过资格认定，在医疗机构从事药学工作的药师及技术人员。

（五）医技人员。指医疗机构内除医师、护士、药学技术人员之外从事其他技术服务的卫生专业技术人员。

（六）其他人员。指除以上五类人员外，在医疗机构从业的其他人员，主要包括物资、总务、设备、科研、教学、信息、统计、财务、基本建设、后勤等部门工作人员。

第三条　医疗机构从业人员，既要遵守本文件所列基本行为规范，又要遵守与职业相对应的分类行为规范。

第二章　医疗机构从业人员基本行为规范

第四条　以人为本，践行宗旨。坚持救死扶伤、防病治病的宗旨，发扬大医精诚理念和人道主义精神，以病人为中心，全心全意为人民健康服务。

第五条　遵纪守法，依法执业。自觉遵守国家法律法规，遵守医疗卫生行业规章和纪律，严格执行所在医疗机构各项制度规定。

第六条　尊重患者，关爱生命。遵守医学伦理道德，尊重患者的知情同意权和隐私权，为患者保守医疗秘密和健康隐私，维护患者合法权益；尊重患者被救治的权利，不因种族、宗教、地域、贫富、地位、残疾、疾病等歧视患者。

第七条　优质服务，医患和谐。言语文明，举止端庄，认真践行医疗服务承诺，加强与患者的交流与沟通，积极带头控烟，自觉维护行业形象。

第八条　廉洁自律，恪守医德。弘扬高尚医德，严格自律，不索取和非法收受患者财物，不利用执业之便牟取不正当利益；不收受医疗器械、药品、试剂等生产、经营企业或人员以各种名义、形式给予的回扣、提成，不参加其安排、组织或支付费用的营业性娱乐活动；不骗取、套取基本医疗保障资金或为他人骗取、套取提供便利；不违规参与医疗广告宣传和药品医疗器械促销，不倒卖号源。

第九条　严谨求实，精益求精。热爱学习，钻研业务，努力提高专业素养，诚实守信，抵制学术不端行为。

第十条　爱岗敬业，团结协作。忠诚职业，尽职尽责，正确处理同行同事间关系，互相尊重，互相配合，和谐共事。

第十一条　乐于奉献，热心公益。积极参加上级安排的指令性医疗任务和社会公益性的扶贫、义诊、助残、支农、援外等活动，主动开展公众健康教育。

第三章　管理人员行为规范

第十二条　牢固树立科学的发展观和正确的业绩观，加强制度建设和文化建设，与时俱进，创新进取，努力提升医疗质量、保障医疗安全、提高服务水平。

第十三条　认真履行管理职责，努力提高管理能力，依法承担管理责任，不断改进工作作风，切实服务临床一线。

第十四条　坚持依法、科学、民主决策，正确行使权力，遵守决策程序，充分发挥职工代表大会作用，推进院务公开，自觉接受监督，尊重员工民主权利。

第十五条　遵循公平、公正、公开原则，严格人事招录、评审、聘任制度，不在人事工作中谋取不正当利益。

第十六条　严格落实医疗机构各项内控制度，加强财物管理，合理调配资源，遵守国家采购政策，不违反规定干预和插手药品、医疗器械采购和基本建设等工作。

第十七条　加强医疗、护理质量管理，建立健全医疗风险管理机制。

第十八条　尊重人才,鼓励公平竞争和学术创新,建立完善科学的人员考核、激励、惩戒制度，不从事或包庇学术造假等违规违纪行为。

第十九条　恪尽职守，勤勉高效，严格自律，发挥表率作用。

第四章　医师行为规范

第二十条　遵循医学科学规律，不断更新医学理念和知识，保证医疗技术应用的科学性、合理性。

第二十一条　规范行医，严格遵循临床诊疗和技术规范，使用适宜诊疗技术和药物，因病施治，合理医疗，不隐瞒、误导或夸大病情，不过度医疗。

第二十二条　学习掌握人文医学知识，提高人文素质，对患者实行人文关怀，真诚、耐心与患者沟通。

第二十三条　认真执行医疗文书书写与管理制度，规范书写、妥善保存病历材料，不隐匿、伪造或违规涂改、销毁医学文书及有关资料，不违规签署医学证明文件。

第二十四条　依法履行医疗质量安全事件、传染病疫情、药品不良反应、食源性疾病和涉嫌伤害事件或非正常死亡等法定报告职责。

第二十五条　认真履行医师职责，积极救治，尽职尽责为患者服务，增强责任安全意识，努力防范和控制医疗责任差错事件。

第二十六条　严格遵守医疗技术临床应用管理规范和单位内部规定的医师执业等级权限，不违规临床应用新的医疗技术。

第二十七条　严格遵守药物和医疗技术临床试验有关规定，进行实验性临床医疗，应充分保障患者本人或其家属的知情同意权。

第五章　护士行为规范

第二十八条　不断更新知识，提高专业技术能力和综合素质，尊重关心爱护患者，保护患者的隐私，注重沟通，体现人文关怀，维护患者的健康权益。

第二十九条　严格落实各项规章制度，正确执行临床护理实践和护理技术规范，全面履行医学照顾、病情观察、协助诊疗、心理支持、健康教育和康复指导等护理职责，为患者提供安全优质的护理服务。

第三十条　工作严谨、慎独，对执业行为负责。发现患者病情危急，应立即通知医师；在紧急情况下为抢救垂危患者生命，应及时实施必要的紧急救护。

第三十一条　严格执行医嘱，发现医嘱违反法律、法规、规章或者临床诊疗技术规范，应及时与医师沟通或按规定报告。

第三十二条　按照要求及时准确、完整规范书写病历，认真管理，不伪造、隐匿或违规涂改、销毁病历。

第六章　药学技术人员行为规范

第三十三条　严格执行药品管理法律法规，科学指导合理用药，保障用药安全、有效。

第三十四条　认真履行处方调剂职责，坚持查对制度，按照操作规程调剂处方药品，不对处方所列药品擅自更改或代用。

第三十五条　严格履行处方合法性和用药适宜性审核职责。对用药不适宜的处方，及时告知处方医师确认或者重新开具；对严重不合理用药或者用药错误的，拒绝调剂。

第三十六条　协同医师做好药物使用遴选和患者用药适应证、使用禁忌证、不良反应、注意事项和使用方法的解释说明，详尽解答用药疑问。

第三十七条　严格执行药品采购、验收、保管、供应等各项制度规定，不私自销售、使用非正常途径采购的药品，不违规为商业目的统方。

第三十八条　加强药品不良反应监测，自觉执行药品不良反应报告制度。

第七章　医技人员行为规范

第三十九条　认真履行职责，积极配合临床诊疗，实施人文关怀，尊重患者，保护患者隐私。

第四十条　爱护仪器设备，遵守各类操作规范，发现患者的检查项目不符合医学常规的，应及时与医师沟通。

第四十一条　正确运用医学术语，及时、准确出具检查、检验报告，提高准确率，不谎报数据，不伪造报告。发现检查检验结果达到危急值时，应及时提示医师注意。

第四十二条　指导和帮助患者配合检查，耐心帮助患者查询结果，对接触传染性物质或放射性物质的相关人员，进行告知并给予必要的防护。

第四十三条　合理采集、使用、保护、处置标本，不违规买卖标本，谋取不正当利益。

第八章 其他人员行为规范

第四十四条 热爱本职工作，认真履行岗位职责，增强为临床服务的意识，保障医疗机构正常运营。

第四十五条 刻苦学习，钻研技术，熟练掌握本职业务技能，认真执行各项具体工作制度和技术操作常规。

第四十六条 严格执行财务、物资、采购等管理制度，认真做好设备和物资的计划、采购、保管、报废等工作，廉洁奉公，不谋私利。

第四十七条 严格执行临床教学、科研有关管理规定，保证患者医疗安全和合法权益，指导实习及进修人员严格遵守服务范围，不越权越级行医。

第四十八条 严格执行医疗废物处理规定，不随意丢弃、倾倒、堆放、使用、买卖医疗废物。

第四十九条 严格执行信息安全和医疗数据保密制度，加强医院信息系统药品、高值耗材统计功能管理，不随意泄露、买卖医学信息。

第五十条 勤俭节约，爱护公物，落实安全生产管理措施，保持医疗机构环境卫生，为患者提供安全整洁、舒适便捷、秩序良好的就医环境。

第九章 实施与监督

第五十一条 医疗机构行政领导班子负责本规范的贯彻实施。主要责任人要以身作则，模范遵守本规范，同时抓好本单位的贯彻实施。

第五十二条 医疗机构相关职能部门协助行政领导班子抓好本规范的落实，纪检监察纠风部门负责对实施情况进行监督检查。

第五十三条　各级卫生行政部门要加强对辖区内各级各类医疗机构及其从业人员贯彻执行本规范的监督检查。

第五十四条　医疗卫生有关行业组织应结合自身职责，配合卫生行政部门做好本规范的贯彻实施，加强行业自律性管理。

第五十五条　医疗机构及其从业人员实施和执行本规范的情况，应列入医疗机构校验管理和医务人员年度考核、医德考评和医师定期考核的重要内容，作为医疗机构等级评审、医务人员职称晋升、评先评优的重要依据。

第五十六条　医疗机构从业人员违反本规范的，由所在单位视情节轻重，给予批评教育、通报批评、取消当年评优评职资格或低聘、缓聘、解职待聘、解聘。其中需要追究党纪、政纪责任的，由有关纪检监察部门按照党纪政纪案件的调查处理程序办理；需要给予行政处罚的，由有关卫生行政部门依法给予相应处罚；涉嫌犯罪的，移送司法机关依法处理。

第十章　附　则

第五十七条　本规范适用于经注册在村级医疗卫生机构从业的乡村医生。

第五十八条　医疗机构内的实习人员、进修人员、签订劳动合同但尚未进行执业注册的人员和外包服务人员等，根据其在医疗机构内从事的工作性质和职业类别，参照相应人员分类执行本规范。

第五十九条　本规范由卫生部、国家中医药管理局、国家食品药品监督管理局负责解释。

第六十条　本规范自公布之日起施行。

附录三

医院医疗保险质量管理办法（试行）

第一章　总　则

第一条　为加强医疗机构医疗保险质量管理（以下简称医保质量管理），规范医疗机构医疗保险服务行为，保障医保基金安全，提升医疗保险质量意识并持续改进，根据《中华人民共和国社会保险法》《中华人民共和国中医药法》《国务院办公厅关于进一步深化基本医疗保险支付方式改革的指导意见》（国办发〔2017〕55 号）、《国务院办公厅关于建立现代医院管理制度的指导意见》（国办发〔2017〕67 号）制定本办法。

第二条　本办法是指在我国现有医疗保障制度下，制定的各级各类医疗机构医疗保险质量管理标准。

第三条　本办法适用于各级各类基本医疗保险定点医疗机构，包括医疗机构、社区医疗服务中心（站）及其他医疗服务机构等。

第四条　医院医保质量管理是指医疗机构按照国家及地方有关法律、法规和政策的要求，在履行定点医保服务协议的过程中，以医保服务和医保管理为核心，对构成医保质量管理的各个要素进行计划、组织、协调和控制，提供与当地经济水平相适宜的医保服务，以实现医保质量持续改进的全过程。

第五条　各级各类定点医疗机构是医保质量管理的第一责任主体，应当健全管理体系，强化全员培训，加强环节质控、监管与考核，全面推进医保高质量发展，持续改进医保质量管理，保障基金使用安全。

第二章　组织机构和职责

第六条　中国医院协会医院医疗保险专业委员会成立全国医疗机构医保质量管理委员会，负责全国医疗机构医保质量管理相关工作。依据本办法指导各省级医院医保专委会和医疗机构开展医保质量管理和控制工作，并充分发挥各省级医院医保专委会和研究会的作用。

第七条　在国家医疗保障局和中国医院协会医院医保专委会的指导下，全国医疗机构医保质量管理委员会建立定点医疗机构医保质量与控制体系，负责制定全国医保定点医疗机构统一的质量管理标准和质控指标，协助建立医保质控信息化管理平台，收集、监控、分析业务运行及质量指标和数据，定期向国家医疗保障局报告。

各省级医院医保专委会组建医疗保险质量管理委员会，并在省内建立医疗保险质量控制中心，落实医保质量管理与控制的有关工作要求，定期向中国医院协会医院医保专委会医保质量管理委员会上报质控信息。

第八条　医疗机构应落实医院——职能科室——临床医技科室医保质量管理三级责任制，建立全院参与、覆盖医保服务全过程的质量管理控制体系，院长是本医疗机构医保质量管理第一责任人；科主任是本科室医保质量管理的第一责任人。

第九条　医疗机构应当设立医保质量管理委员会，医保质量管理委员会主任委员由院领导担任，委员由医保、医疗、质控、药学、财务、物价、病案、信息、院感、临床、医技、设备、护理等部门组成，医保办（处、科）具体负责日常管理工作。

第十条　医疗机构医保质量管理委员会的主要职责是：

（一）按照本办法和相关质量管理要求，制定本机构医保质量管理制度并组织实施；

（二）组织开展本机构医保质量预警、监测、统计、分析、考核、评估等工作，定期上报至各省级医保质量管理委员会；

（三）制定本机构医保质量持续改进计划、实施方案并组织实施；

（四）制定本机构临床新增诊疗项目与医保支付方式改革相关工作制度并组织实施；

（五）建立本机构医保质量管理的培训机制，制定培训计划并监督实施；

（六）建立并完善医保质量管理信息系统，利用大数据分析、智慧医保等技术为医疗机构管理提供决策支持。

第十一条　医疗机构应当建立健全医保质量管理人员的培养和考核制度，充分发挥医保胜任力人员在医保质量管理工作中的作用。

第三章　医保质量保障

第十二条　医疗机构应严格按照国家医疗保险、医疗卫生相关法律法规及本办法，开展医保服务相关工作，并熟练运用质量管理工具开展医保质量管理与自我评价，根据国家医疗保障局发布的质控标准和指标，完善医保质量管理相关指标体系，及时收集相关信息，形成医保质量管理指标数据库。

第十三条　医疗机构应加强医保信用体系建设，开展公共信用综合评价，加强医务人员和医保从业人员职业道德、法律法规及专业培训，规范诊疗和医保服务行为，坚持以价值为导向的医疗服务和价值补偿机制，推进医保高质量发展，维护人民群众的健康权益。

第十四条　医疗机构应加强基本医疗保险三大目录管理，由专人负责维护基本医保药品、诊疗项目及服务设施目录，定期梳理制度，重点管理医保限制支付的药品、诊疗、材料项目，及时向有关部门反馈目录执行过程中出现的突出问题。

第十五条　医疗机构应充分利用信息技术手段，建立医保知识库，完善医保政策查询、提示功能，多渠道为医务人员、参保患者提供医保政策宣传、指导与服务。

第十六条　医疗机构应加强医保管理制度建设，不断完善对参保人员的政策宣传、投诉解答、处理反馈等制度，提升医保服务质量。

第十七条　医疗机构应积极配合有关部门的检查督导，提供真实资料，不弄虚作假。做好与政府有关单位、院内科室、员工、参保人员的沟通协调工作。

第十八条　医疗机构应核验参保人员身份，加强医保限制性支付药品和出院带药管理，严禁超量、超限、超范围诊疗等违规行为；严格执行慢病、特殊疾病准入标准、入出院指征，严禁分解住院、挂名住院、虚设床位，在确保医疗质量的前提下，做到合理检查、合理用药、合理治疗、合理收费。

第十九条　医疗机构应加强医保病历质量管理，及时规范病历书写，信息完整翔实，保证参保人员病历准确、完整、真实。

第二十条　医疗机构加强医保物价收费管理，对诊疗服务全过程进行监管，严格执行物价收费政策和特殊项目审批，遵循患者自费知情同意原则并签署医疗文书，尊重患者自主选择医保不予支付的项目。

第二十一条　加强中医药医保质量和医疗服务的管理，对开展的中医药医保服务，应符合国家关于支持、扶持中医诊疗、技术、药事等医保政策的有关规定。

第四章　医保质量持续改进

第二十二条　医疗机构需建立全员参与、覆盖临床诊疗和医保服务全过程的医保质量管理与控制工作机制，积极配合医保质量管理委员会开展工作，促进医保质量持续改进。

第二十三条　医疗机构应加强医保质量管理及从业人员胜任力建设，落实《医保从业人员人才培养规划》，重视人才和后备人才培养、创新性研究和成果转化，提升医保质量管理及从业人员综合素质和职业修养。

第二十四条　医疗机构应加强医保基金预算管理，完善按病种、DRGs、按床日、按人头、日间服务、点数法等多元复合式医保支付方式改革，强化成本核算、过程控制、细节管理、量化分析及绩效评价，不断提高医保资源使用成效。

第二十五条　医疗机构应当将医保质量管理指标纳入全院相关科室绩效考核，并作为各科室负责人、临床医师综合目标考核、晋升、评先评优的重要指标和重要依据。

第二十六条　医疗机构应做好医保信息系统的建设和维护，确保网络连接畅通，医保数据信息准确、及时、完整上传，并保证信息安全。

第二十七条　医疗机构应建立医保大数据和智慧医保信息平台，使信息技术满足医保质量管理与控制需要，营造便捷、高效、安全的医保就医体验和质控环境。

第二十八条　医疗机构应建立并不断完善跨省异地就医住院直接结算工作机制，实现异地就医医疗机构参保人员信息的互联互通，费用直接结算，将异地医保管理工作纳入医保质量监管体系，不断提升参保人员的满意度。

第五章　医保安全风险防范

第二十九条　医疗机构应当建立医保质量（安全）不良事件信息采集、记录和报告制度，对医保质量和医疗服务安全风险进行预警，制定危机管理预案和工作流程，完善投诉管理，及时化解和妥善处理医保纠纷。

第三十条　医疗机构应树立医保大数据安全意识，完善医保信息系统应急管理机制，明确责任人，确保医疗机构端网络安全并在发生网络故障时能及时应对、快速解决。

第三十一条　医疗机构应增强医保基金安全和风险防范意识，规范年度基金预算管理，做好院内基金分配及合理使用，医保账目准确并及时申报。

第三十二条　医疗机构应认真执行《医疗保障基金使用监管条例》。建立全行业医保法治教育、宣传、普及工作机制，营造学法、知法、遵法、护法的良好法治氛围，树牢全行业法治意识，防范欺诈骗保行为。

第六章　监督考核管理

第三十三条　医疗机构应建立监督考核管理制度，严格执行医保服务协议，加强对临床科室、临床医师服务及质量的监管，控制医保费用不合理增长，维护参保人员和医务人员的合法权益。

第三十四条　医疗机构需建立并不断完善医保智能审核系统，加强对参保人员服务事前、事中、事后的环节监控，督促相关科室及时做好申诉工作，保证医保基金规范化使用。

第三十五条　建立完善的医保质量管理激励机制，交流推广先进经验，采取多种形式对医保质量先进单位和个人给予表彰奖励。

第七章　附　则

本办法下列用语的含义：

（一）医保质量：是指在现有医疗保障水平和医保基金支付能力下，医疗机构（含医务人员、医保从业人员）在提供医疗服务过程中，按照医保政策及诊疗规范要求，给予参保人员医保和医疗照顾的程度。

（二）医保质量管理：是指按照医保质量形成的规律和有关法律、法规要求，运用现代科学管理方法、卫生经济学原理，对医保服务要素、过程和结果进行管理与控制，以实现医保质量体系持续改进的过程。

（三）医保质量管理工具：是指为实现医保质量管理目标和持续改进所采用的措施、方法和手段。如全面质量管理（TQC）、质量环（PDCA）、品管圈（QCC）、绩效评价、点数法等。

第三十六条　本办法自 2021 年 1 月 10 日起实施，由中国医院协会医院医疗保险专业委员会负责解释。

附录四：

附：医疗保障定点医疗机构等10项信息业务编码规则和方法

一、定点医疗机构编码规则和方法

定点医疗机构编码分 3 个部分共 12 位，通过大写英文字母和阿拉伯数字按特定顺序排列表示。其中，第 1 部分是定点医疗机构标识码，第 2 部分是行政区划代码，第 3 部分是定点医疗机构顺序码。定点医疗机构编码结构见图 1：

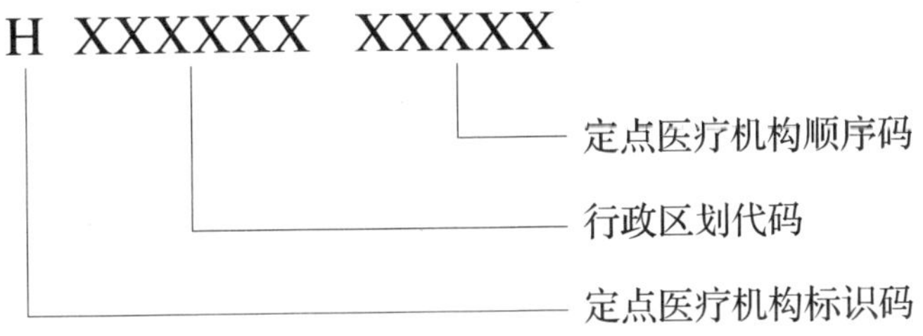

图1　定点医疗机构编码结构

第 1 部分：定点医疗机构标识码，用 1 位大写英文字母“H”表示。

第 2 部分：行政区划代码，采用《中华人民共和国行政区划代码》(GB/T2260),用 6 位阿拉伯数字表示。其中,前两位代码表示省级行政区(省、自治区、直辖市)，中间两位代码表示市级行政区（市、地区、自治州、盟)，后两位代码表示县级行政区(县、自治县、县级市、旗、自治旗、市辖区、林区、特区)。

第 3 部分:定点医疗机构顺序码,对同一市级行政区(市、地区、自治州、盟)下的定点医疗机构赋予的顺序码，用 5 位阿拉伯数字表示。

二、医保医师编码规则和方法

医保医师编码分 3 部分共 13 位，通过大写英文字母和阿拉伯数字按特定顺序排列表示。其中，第 1 部分是医保医师标识码，第 2 部分是行政区划代码，第 3 部分是医保医师顺序码。医保医师编码结构见图 2：

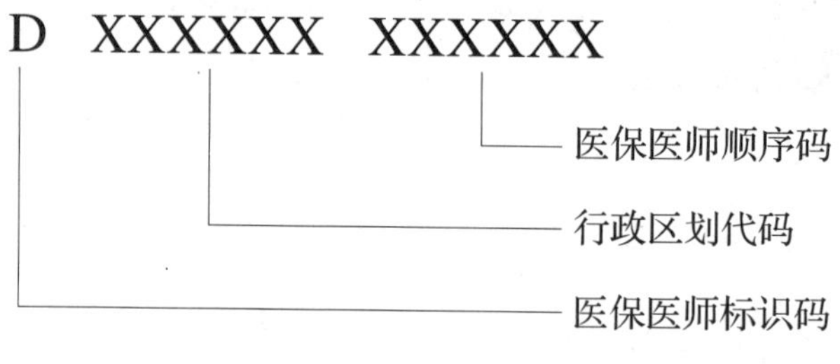

图2　医保医师编码结构

第 1 部分：医保医师标识码，用 1 位大写英文字母“D”表示。

第 2 部分：行政区划代码，采用《中华人民共和国行政区划代码》(GB/T2260),用 6 位阿拉伯数字表示。其中,前两位代码表示省级行政区(省、自治区、直辖市)，中间两位代码表示市级行政区(市、地区、自治州、盟)，后两位代码表示县级行政区(县、自治县、县级市、旗、自治旗、市辖区、林区、特区)。

第 3 部分：医保医师顺序码，对同一市级行政区(市、地区、自治州、盟)下的医保医师赋予的顺序码，用 6 位阿拉伯数字表示。

三、医保护士编码规则和方法

医保护士编码分 3 个部分共 13 位，通过大写英文字母和阿拉伯数字按特定顺序排列表示。其中，第 1 部分是医保护士标识码，第 2 部分是行政区划代码，

第 3 部分是医保护士顺序码。医保护士编码结构见图 3：

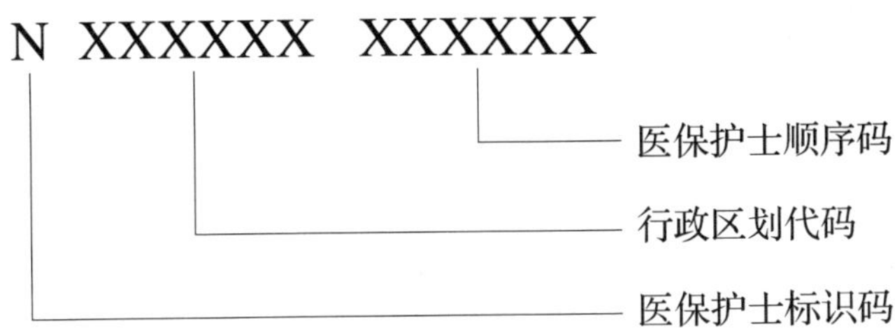

图3 医保护士编码结构

第 1 部分：医保护士标识码，用 1 位大写英文字母“N”表示。

第 2 部分：行政区划代码，采用《中华人民共和国行政区划代码》（GB/T2260），用 6 位阿拉伯数字表示。其中，前两位代码表示省级行政区（省、自治区、直辖市），中间两位代码表示市级行政区（市、地区、自治州、盟），后两位代码表示县级行政区（县、自治县、县级市、旗、自治旗、市辖区、林区、特区）。

第 3 部分：医保护士顺序码，对同一市级行政区（市、地区、自治州、盟）下的医保护士赋予的顺序码，用 6 位阿拉伯数字表示。

四、定点零售药店编码规则和方法

定点零售药店编码分 3 个部分共 12 位，通过大写英文字母和阿拉伯数字按特定顺序排列表示。其中，第 1 部分是定点零售药店标识码，第 2 部分是行政区划代码，第 3 部分是定点零售药店顺序码。定点零售药店编码结构见图 4：

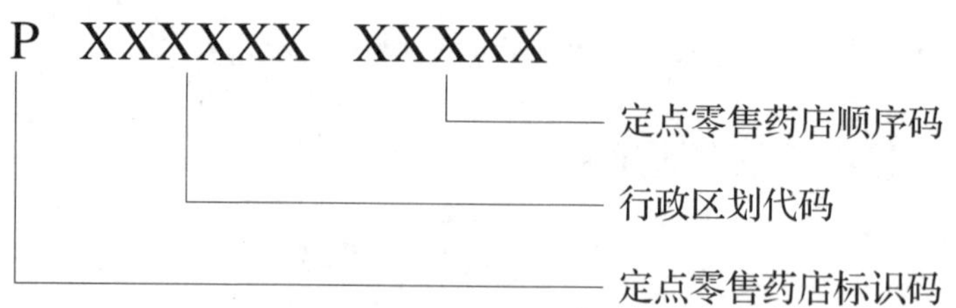

图4 定点零售药店编码结构

第 1 部分：定点零售药店标识码，用 1 位大写英文字母“P”表示。

第 2 部分：行政区划代码，采用《中华人民共和国行政区划代码》（GB/T2260)，用 6 位阿拉伯数字表示。其中，前两位代码表示省级行政区（省、自治区、直辖市），中间两位代码表示市级行政区（市、地区、自治州、盟），后两位代码表示县级行政区（县、自治县、县级市、旗、自治旗、市辖区、林区、特区）。

第 3 部分：定点零售药店顺序码，对同一市级行政区（市、地区、自治州、盟）下的定点零售药店赋予的顺序码，用 5 位阿拉伯数字表示。

五、医保药师编码规则和方法

医保药师编码分 3 个部分共 13 位，通过大写英文字母和阿拉伯数字按特定顺序排列表示。其中，第 1 部分是医保药师标识码，第 2 部分是行政区划代码，第 3 部分是医保药师顺序码。医保药师编码结构见图 5：

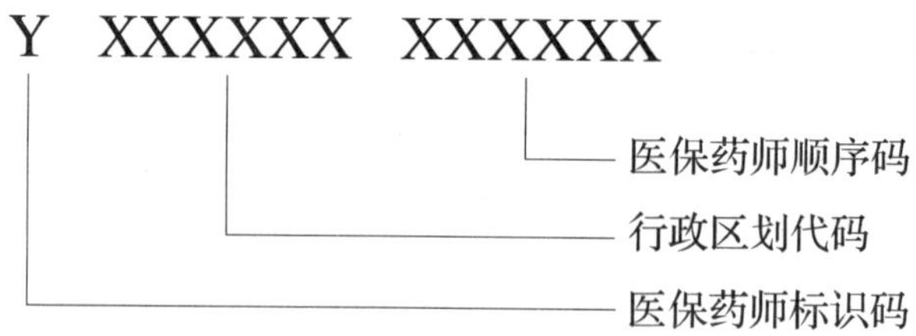

图5 医保药师编码结构

第 1 部分：医保药师标识码，用 1 位大写英文字母“Y”表示。

第 2 部分：行政区划代码，采用《中华人民共和国行政区划代码》(GB/T2260)，用 6 位阿拉伯数字表示。其中，前两位代码表示省级行政区（省、自治区、直辖市），中间两位代码表示市级行政区（市、地区、自治州、盟），后两位代码表示县级行政区（县、自治县、县级市、旗、自治旗、市辖区、林区、特区）。

第 3 部分：医保药师顺序码，对同一市级行政区（市、地区、自治州、盟）下的医保药师赋予的顺序码，用 6 位阿拉伯数字表示。

六、医保系统单位编码规则和方法

医保系统单位编码分 4 个部分共 12 位，通过大写英文字母和阿拉伯数字按特定顺序排列表示。其中，第 1 部分是医保系统单位标识码，第 2 部分是行政区划代码，第 3 部分是机构类别码，第 4 部分是机构顺序码。医保系统单位编码结构见图 6：

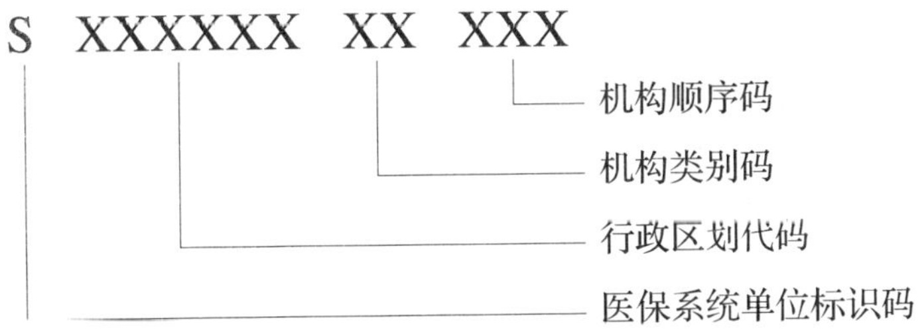

图6 医保系统单位编码结构

第 1 部分：医保系统单位标识码，用 1 位大写英文字母“S”表示。

第 2 部分：行政区划代码，采用《中华人民共和国行政区划代码》(GB/T2260)，用 6 位阿拉伯数字表示。其中，前两位代码表示省级行政区（省、自治区、直辖市），中间两位代码表示市级行政区（市、地区、自治州、盟），后两位代码表示县级行政区（县、自治县、县级市、旗、自治旗、市辖区、林区、特区）。

第 3 部分：机构类别码，医保系统单位类型分类代码，用 2 位阿拉伯数字表示。

第 4 部分：机构顺序码，省、自治区、直辖市辖区内医保系统单位流水码，用 3 位阿拉伯数字表示。

七、医保系统工作人员编码规则和方法

医保系统工作人员编码分 4 个部分共 13 位，通过大写英文字母和阿拉伯数字按特定顺序排列表示。其中，第 1 部分是医保系统工作人员标识码，第 2 部分是行政区划代码，第 3 部分是机构类别码，第 4 部分是人员顺序码。医保系统工作人员编码见图 7：

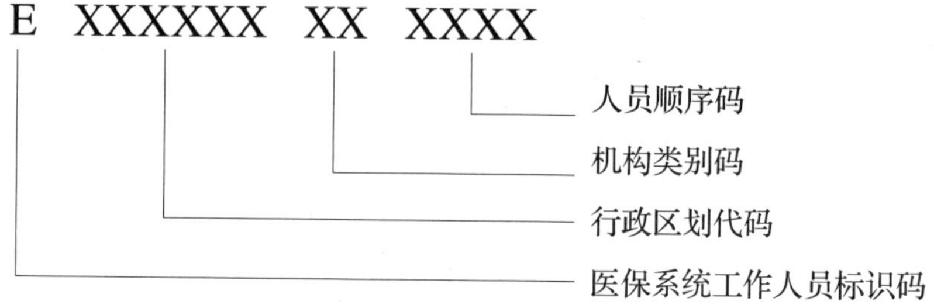

图7 医保系统工作人员编码结构

第 1 部分：医保系统工作人员标识码，用 1 位大写英文字母“E”表示。

第 2 部分：行政区划代码，采用《中华人民共和国行政区划代码》（GB/T2260），用 6 位阿拉伯数字表示。其中，前两位代码表示省级行政区（省、自治区、直辖市），中间两位代码表示市级行政区（市、地区、自治州、盟），后两位代码表示县级行政区（县、自治县、县级市、旗、自治旗、市辖区、林区、特区）。

第 3 部分：机构类别码，医保系统单位类型分类代码，用 2 位阿拉伯数字表示。

第 4 部分：人员顺序码，对同一医保系统单位在编职工赋予的顺序码，用 4 位阿拉伯数字表示。

八、医保门诊慢特病病种编码规则和方法

医保门诊慢特病病种编码分 3 部分共 6 位，通过大写英文字母和阿拉伯数字按特定顺序排列表示。其中，第 1 部分是医保门诊慢特病病种标识码，第 2 部分是病种类别码，第 3 部分是病种顺序码。医保门诊慢特病病种编码结构见图 8：

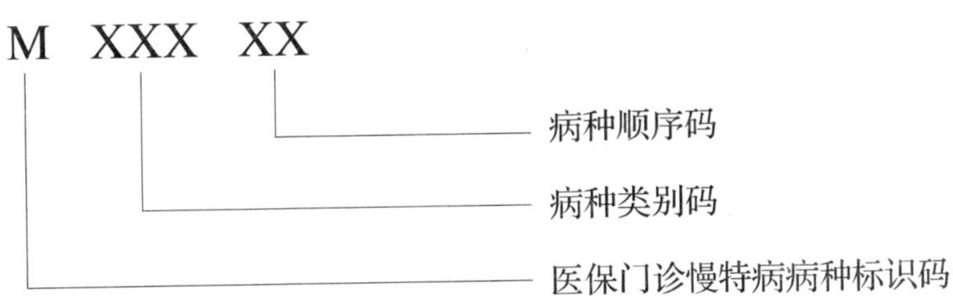

图8 医保门诊慢特病病种编码结构

第 1 部分：医保门诊慢特病病种标识码，用一位大写英文字母“M”表示。

第 2 部分：病种类别码，对医保门诊慢特病病种属性进行分类的代码，用 3 位阿拉伯数字表示。

第 3 部分：病种顺序码，对同一类别下的门诊慢特病病种赋予的顺序码，用 2 位阿拉伯数字表示。

九、医保按病种结算病种编码规则和方法

医保按病种结算病种编码分 2 部分共 7 位，通过大写英文字母和阿拉伯数字按特定顺序排列表示。其中，第 1 部分是医保按病种结算病种标识码，第 2

部分是医保按病种结算病种代码。医保按病种结算病种编码结构见图 9：

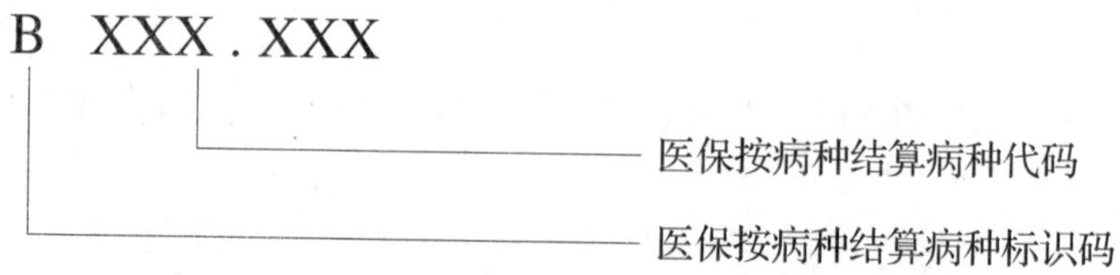

图9 医保按病种结算病种编码结构

第 1 部分：医保按病种结算病种标识码，用一位大写英文字母“B”表示。

第 2 部分：医保按病种结算病种代码，采用《疾病诊断 ICD–10 分类与代码（医保版）》，用 1 位大写英文字母和 5 位阿拉伯数字表示。

十、医保日间手术病种编码规则和方法

医保日间手术病种编码分 2 部分共 7 位，通过大写英文字母和阿拉伯数字按特定顺序排列表示。其中，第 1 部分是医保日间手术病种标识码，第 2 部分是医保日间手术病种操作代码。医保日间手术病种编码结构见图 10：

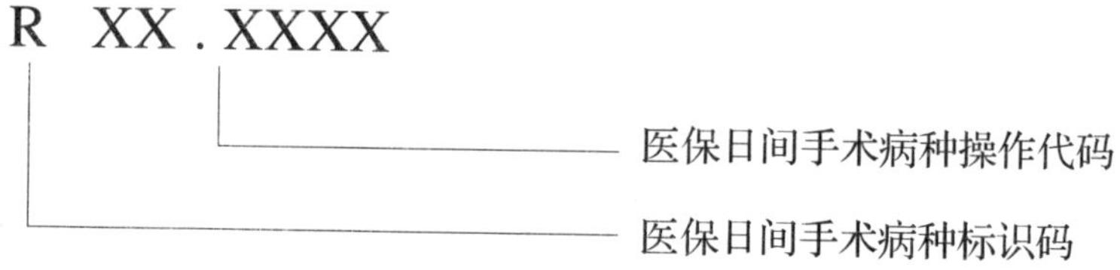

图10 医保日间手术病种编码结构

第 1 部分：医保日间手术病种标识码，用一位大写英文字母“R”表示。

第 2 部分：医保日间手术病种操作代码，采用《手术操作 ICD–9–CM3 分类与代码（医保版）》，用 6 位阿拉伯数字表示。

实现医保数据信息的规范化、可视化、自动化、智能化，满足政府科学决策、智慧治理，医疗资源优化配置，便捷群众就医等需要。

附录五

示例：深圳市社会保险定点医疗机构信用等级评定标准

项目	序号	具体内容	评定标准	基本分值	实际得分
	1	住院次均医保总费用	小于或等于协议值得20分，超过协议值每1个百分点扣2分，扣完为止	20	
	2	生育分娩次均医保费用	小于或等于协议值得5分，超过协议值每1个百分点扣0.5分，扣完为止 （备注：无此项标准的，此项目5分平均纳入第1项）		
	3	少儿住院次均医保费用	小于或等于协议值得5分，超过协议值每1个百分点扣0.5分，扣完为止 （备注：无此项标准的，此项目5分平均纳入第1项）		
	4	住门比	小于或等于协议值得8分，超过协议值每1个百分点扣0.4分，扣完为止		
	5	每门急诊人次平均特检费用	小于或等于协议值得8分，超过协议值每1个百分点扣0.4分，扣完为止 （备注：无大型设备检查项目的，此项目10分平均纳入第4项）		

续表

项目	序号	具体内容	评定标准	基本分值	实际得分
	6	低费用住院人次占住院总人次的比例	小于或等于协议值得4分，超过协议值每1个百分点扣0.2分，扣完为止		
	7	社区门诊统筹基金支付率	社区门诊统筹基金，定点医疗机构的支付率（即支出占收入的比例，下同）≤100%的，得3分； 定点医疗机构的支付率超过100%的，以同级同类定点医疗机构社区门诊统筹基金的支付率为标准，超过标准的，不得分；低于标准每一个百分点得0.3分，但不得超过3分 （备注：无社区门诊统筹的定点医院，此项目纳入第1项）		
	8	社区门诊统筹基金报销比例	社区门诊统筹基金的报销比例，定点医疗机构的平均值大于等于全市平均值的，得3分；定点医疗机构的平均值低于全市平均值的，每低一个百分点，扣0.3分，扣完为止 （备注：无社区门诊统筹的定点医院，此项目纳入第1项）		
	9	次均门诊费用增长率	不超过物价上涨指数的，得满分；超过的，每超过一个百分点扣0.15分，扣完为止		
	10	次均门诊材料费增长率	不超过次均门诊费用增长率（最高按物价上涨指数计算）的150%的，得满分；超过的，每超过一个百分点扣0.15分，扣完为止		
	11	次均门诊检查费增长率	不超过次均门诊费用增长率（最高按物价上涨指数计算）的150%的，得满分；超过的，每超过一个百分点扣0.15分，扣完为止		
	12	次均住院费用增长率	不超过物价上涨指数的，得满分；超过的，每超过一个百分点扣0.2分，扣完为止		

续表

项目	序号	具体内容	评定标准	基本分值	实际得分
	13	**次均住院材料费增长率**	不超过次均住院费用增长率（最高按物价上涨指数计算）的150%的，得满分；超过的，每超过一个百分点扣0.2分，扣完为止		
	14	**次均住院检查费增长率**	不超过次均住院费用增长率（最高按物价上涨指数计算）的150%的，得满分；超过的，每超过一个百分点扣0.2分，扣完为止		
	15	**参保人个人自费费用占医疗总费用的比例**	年度内医保住院病人平均自费率低于或等于协议值得3分，超过协议值每1个百分点扣0.15分，扣完为止		
	1	**社保管理组织、分工、人员、职责等**	一级医院： （1）建立社保工作领导小组，有一名院领导分管社保工作，得1.5分； （2）配备专职社保管理人员，得2分，兼职得1分； （3）社保专职管理人员有一人为副高以上临床医师职称的，得1.5分； （4）绑定基本医保二档、三档参保人累计10万人以上，增加专职管理人员的，得1分，增加兼职人员的，得0.5分，未增加不得分；绑定未超过10万人的，得1分。 （5）配备PSAM卡管理人员，得1分		
			二级以上医疗机构（含市属专科医院）： （1）设立社会保险医疗服务管理办公室（医保办）： 专职管理社保业务的，得2分； 同时具有两项职能的，得1分； 同时具有三项职能的，得0.5分；		

续表

项目	序号	具体内容	评定标准	基本分值	实际得分
	1	**社保管理组织、分工、人员、职责等**	（2）医保办主任专职管理社保业务的，得0.5分；医保办副主任专职管理社保业务的，得0.3分； （3）分工明确的社保专职管理人员： 1 000（含1 000）张床位以上配备5人及以上的，得1.5分；配备3人及以上的，得1分； 500-1 000（含500）张床位以上配备4人及以上的，得1.5分；配备3人的，得1分； 300-500（含300）张床位以上配备3人及以上的，得1.5分；配备2人的，得1分； 100-300（含100）张床位以上配备2人及以上的，得1.5分；配备1人的，得1分； 以上不达标准的不得分。 （4）绑定基本医保二档、三档参保人累计10万人以上，增加专职管理人员的，得1分，增加兼职人员的，得0.5分，未增加不得分；绑定未超过10万人的，得1分； （5）人员配备合理，有副高以上临床医师职称专职管理人员的，得0.5分； （6）有一名院领导分管社保工作的，得0.5分； （7）配备PSAM卡管理人员，得1分		

续表

项目	序号	具体内容	评定标准	基本分值	实际得分
	2	配合与落实社保工作情况	（1）配合检查工作，当时提供需查阅资料的，得0.5分，每少一项扣0.2分，扣完为止； （2）各项社保管理制度健全，年初有社保工作计划，平时有落实，年终有总结等，得1分，每少一项扣0.5分，扣完为止； （3）社保标牌、《协议书》等文件资料保管齐全的，得0.5分；少一项则不得分		
	3	社保政策宣传、咨询等情况	（1）设立并及时更新社保知识宣传专栏的，得0.5分； （2）设立社保咨询台、咨询电话的，得0.5分； （3）印发社保知识宣传册（含社保基本知识、普通门诊就诊须知、入院须知等），每种得0.2分，满分1分		
	4	社保信息系统管理情况	（1）配备专职负责社保信息系统的专业技术人员，定期维护信息系统，配合社保各项需求，及时完成社保各项系统需求，保证系统正常运转、通畅的，得1分；上述要求，每一项未达到的，扣0.2分，扣完为止； （2）建立本院社保费用自查统计制度（含参保人门诊人次及次均费用、门诊特检人次及费用、住院人次及次均费用、门住比、病种费用等情况），统计数据按月分门别类，结合数据有分析报告的，能具体反应社保各项指标情况，得1分；缺1项扣0.2分，扣完为止。临时从社保网站下载的不得分		

续表

项目	序号	具体内容	评定标准	基本分值	实际得分
	5	PSAM卡登记管理情况	（1）建立本院PSAM卡登记跟踪记录，记录每张PSAM卡的准确物理使用位置，以及位置变更记录，确保PSAM卡卡号和位置一一对应，得2分。抽查2处，PSAM卡卡号和位置不符,一处扣1分； （2）对下属社康PSAM卡情况进行登记，确保卡号和社康对应的，得1分		
	6	医生核验社保卡（工病人核对工伤认定书及身份证）及了解社保知识等情况	现场暗访6名门诊医生，未核验社保卡（工伤认定书）给病人社保就医的，核实一例扣0.5分；现场提问4人有关社保医疗服务有关问题，回答错误的，每一例扣0.5分		
	7	医疗收费 清单及正规发票	（1）门诊收费项目清单达到协议要求的，得0.5分；缺1项扣0.1分，扣完为止； （2）住院收费项目清单达到协议要求的，得0.5分；缺1项扣0.1分，扣完为止； （3）能提供正规医疗费用发票的得1分，不能提供正规医疗费用发票的不得分		
	8	社保床位标准	符合社保床位支付标准的床位数占总床位数80%以上的，得1分；低于80%的，每降低1个百分点扣0.1分，扣完为止		
	9	社保目录内药品达标率	社保目录内药品种类数（西药种类按通用名计算、中成药种类按药品标准中的正式名称计算）与医院库存的所有药品种类数之比应不低于85%； 社康中心社保目录内药品种类在300种以上； 以上两项，任何一项低于标准每1个百分点扣0.2分，扣完为止		

续表

项目	序号	具体内容	评定标准	基本分值	实际得分
	10	社保目录内药品加成情况	随机抽查社保目录内西药10种、中成药5种和中草药2种，核对进货明细、进货单据，计算加成率；资料完整、清楚，加成率为0的，得2分；资料不齐、不清楚或有加成的，每1例扣0.2分，扣完为止		
	11	药品进、出账目管理	随机抽查社保目录内西药10种、中成药5种和中草药2种，药品进货、退货发票、明细清单和盘点表齐全的，得3分；有缺项的，每一种药扣0.3分，扣完为止		
	12	检查、治疗项目管理	（1）特检项目无审核管理或登记材料不全的扣1分； （2）CT检查阳性率≥60%，没有CT的医疗机构，X光机检查阳性率≥50%，达到标准的得2分，低于标准1个百分点扣0.1分，扣完为止		
	13	病历首页上传率及完整性	按月上传病历首页，首页上传数与实际上传数之比（上传率）≥95%的，得1分；每降低一个百分点扣0.2分，扣完1分为止。 复印10份病历首页，核对首页上传情况是否完整、准确，病历记载情况与上传情况不相符或缺项，每例扣0.2分，扣完1分为止		
	14	处方保存	（1）基本医保一档、二档、三档参保人员、离休人员、家庭统筹等各类处方单独保存较好，按月或按天登记数量及金额的，得2分； （2）上述处方单独保存，但没有按月或按天登记数量及金额的，得1分； （3）上述处方没有单独存放或保管混乱的，不得分		

续表

项目	序号	具体内容	评定标准	基本分值	实际得分
	15	**处方、病历记载与收费等情况（含工伤）**	（1）处方、治疗单、检查单等发生以下违规情形的，每单扣0.2分，扣完2分（没有社康的医院为4分）为止，如：处方书写未按《处方管理办法》规定执行，未加盖医生代码章（或未书写医生工号），未填写医疗保险号，超目录，超限制用药，将可使用范围药品让参保人自费，超剂量用药，分解处方，不按物价部门规定的药品价格售药等各种违规现象； （2）在病历记载中，医嘱与清单不符，病历未记载却有收费，有收费无报告单，重复收费，分解收费，使用植入体内的医用材料未在病历中附材料条形码等，工伤员工入院时间没有精确到分，无致伤地点和致伤原因记载，工伤员工诊断没有准确记载，有上述情形之一的，查实一例扣0.2分，扣完3分为止。出具假病历假证明病情材料扣3分		
	16	**收费项目及标准（含工伤）**	以下情形，查实一例扣0.2分，扣完为止（没有社康的医院本项4分）： （1）严格执行准入制。将未申报或未批准的新诊疗项目记帐的，或“医保目录”外诊疗、生活服务设施等项目纳入医保范围内支付的，以及将应记账诊疗项目让参保人自费的； （2）严格执行市物价部门制定的收费标准，不按医疗收费标准执行，超标收费、比照项目收费的； （3）工伤使用特殊检查项目（含阳性率没有达到70%以上）；治疗项目（含医用材料单件超2000元以上、目录内进口药品单价超50元以上），没有严格执行先核准后使用的；工伤核准单未加盖医院公章和医生代码章或未书写医生工号，未填写工伤认定书编号的		

续表

项目	序号	具体内容	评定标准	基本分值	实际得分
	17	出院带药费况（含工伤）	出院带药医嘱未写具体项目或出院带药超剂量、出院带检查、治疗项目等，查实一例扣0.2分，扣完为止（没有社康的医院本项4分）		
	18	自费项目签字（含工伤）	落实病人目录外自费服务项目签字制度，在使用目录外服务时征得参保病人或家属同意并签字，没有签字同意的，或者未告知具体自费项目及金额的，一例扣0.2分，工伤病人使用进口医用材料未征得单位及伤者（或家属）同意并共同签字，一例扣0.2分，扣完为止（没有社康的医院本项4分）		
	19	是否按规定保存有关资料（含工伤）	病历中没有保留参保人社保卡及身份证图像或复印件的，工伤病历中没有保留住院记账工伤员工工伤认定书及身份证复印件的，每例扣0.2分，扣完为止（没有社康的医院本项4分）		
	20	出、入院标准等（含工伤）	挂名住院，分解住院，出、入院标准掌握不严，核实一例扣1分		
	21	病种录入	现场抽查10份病种病历：如将非病种疾病按病种录入的，查实1例扣0.2分，扣完为止		

续表

项目	序号	具体内容	评定标准	基本分值	实际得分
	22	违规情形（含工伤）	近两年日常检查发现以下情形并经核实的，每例扣2分，扣完为止： （1）发生借卡冒名就医（住院就医的，每例扣5分）； （2）发生以药换药、以药易物的； （3）没有核实工伤员工身份的。 投诉、举报经核实并发文处理的，该项不得分		
	23	社保政策培训	学习社保政策，有时间、有地点、有参加人员签名等的全院社保政策培训大会，全年举办1次得2分，2次及以上得3分		
	24	医院所属社康中心	（1）处方、治疗单、检查单等有违规现象一例扣0.1分，扣完为止； （2）冒卡就医、以药换药、以药换物、配售伪劣药品以及其他增加共济基金不合理支出等，核实1例扣1分，扣完为止； （3）社康中心（或医院科室）因违反医保政策被暂停或取消的，每一家扣5分，扣完为止 （备注：没有社康的医院，本项10分平均计入现场考评部分第15、16、17、18、19项）		

备注：1. 定点医院的级别、性质、服务范围发生明显变化而影响到指标考评部分 9–14 项费用增长指标的，所扣分值可以给予最高不超过 50% 的减免。

2. 指标考评部分与医保服务量挂钩，以同级同类医疗机构平均医保服务量（分门诊及住院）为基数，以跟基数的比值设定工作量服务系数，相应考评分值（门诊及住院）× 工作量服务系数 = 最终考核分值。考评医疗机构医保服务量与基数比值在 80% ~ 125% 的，工作量服务系数为 1.00；考评医疗机构医保服务量与基数比值在 70% ~ 80%，工作量服务系数为 0.99；比值在 60% ~ 70%，工作量服务系数为 0.98；比值在 50% ~ 60%，工作量服务系数为 0.97；比值在 50% 以下的，工作量服务系数为 0.96；比值在 125% ~ 150%，工作量服务系数为 1.01；比值在 150% ~ 175%，工作量服务系数为 1.02；比值在 175% ~ 200%，工作量服务系数为 1.03；比值在 200% 以上的，工作量服务系数为 1.04。（数值部分“以上”包括“本数”，“以下”不包括“本数”）

参考文献

[1]曹荣桂 . 医院管理新编［M］. 北京：北京大学医学出版社，2009.

[2]黄洁夫 . 医院管理指南［M］. 北京：人民卫生出版社，2016.

[3]武广华 . 中国医院院长手册［M］. 北京：人民卫生出版社，2017.

[4]马风才，谷炜 . 质量管理［M］. 北京：机械工业出版社，2017.

[5]阮喜珍 . 现代质量管理实务［M］. 武汉：武汉大学出版社，2018.

[6]张彦波，扬宏伟 . 新常态下的宏观质量管理应用与实践［M］. 北京：经济科学出版社，2017.

[7]郑时勇 . 班组长质量管理培训手册［M］. 化学工业出版社，2019.

[8]王东进 . 奋力推进中国医保高质量发展［J］. 中国医疗保险，2019（5）:1–2.

[9]中国国家标准化管理委员会 .GB/T 17989–2020 控制图［S］. 北京：中国标准出版社 .

[10]王明贤 . 现代质量管理［M］. 北京：清华大学出版社；北京交通大学出版社，2014.

[11]詹姆斯・埃文斯，威廉・林赛 . 质量管理与卓越绩效 ［M］. 北京：中国人民大学出版社，2016.

[12]张凤荣 . 质量管理与控制 [M]. 北京：机械工业出版社，2011.

［13］梁丽军，董方岐．控制图在医疗监控中的应用［J］．西安电子科技大学学报（社会科学版），2018，28（3）：47-52.

［14］储爱琴．医院医疗保险管理理论与实务［M］．合肥：合肥工业大学出版社，2016.

［15］李兰翠．新医改中的医疗保险管理与实践［M］．天津：天津科学技术出版社，2015.

［16］张宗久．中国医院评审实务［M］．人民军医出版社，2013.

［17］熊先军．以标准化建设促医保质量提升［N］．中国医药报，2013-08-05（6）.

［18］吴昱杉，申曙光，木公．国外医保医师监管镜鉴［J］．中国社会保障，2013（5）：29-31.

［19］赵梅林．医疗机构执行医保政策存在的问题分析与对策［J］．世界最新医学信息文摘，2018（7）：236.

［20］张文一，刘月辉，冯丹，李永斌，刘丽华．国内外医疗质量安全管理标准化工作概述［J］．中华医院管理杂志，2018（12）：969-973.